Bruno Geser

MOTORRADTRAUM
ALPEN

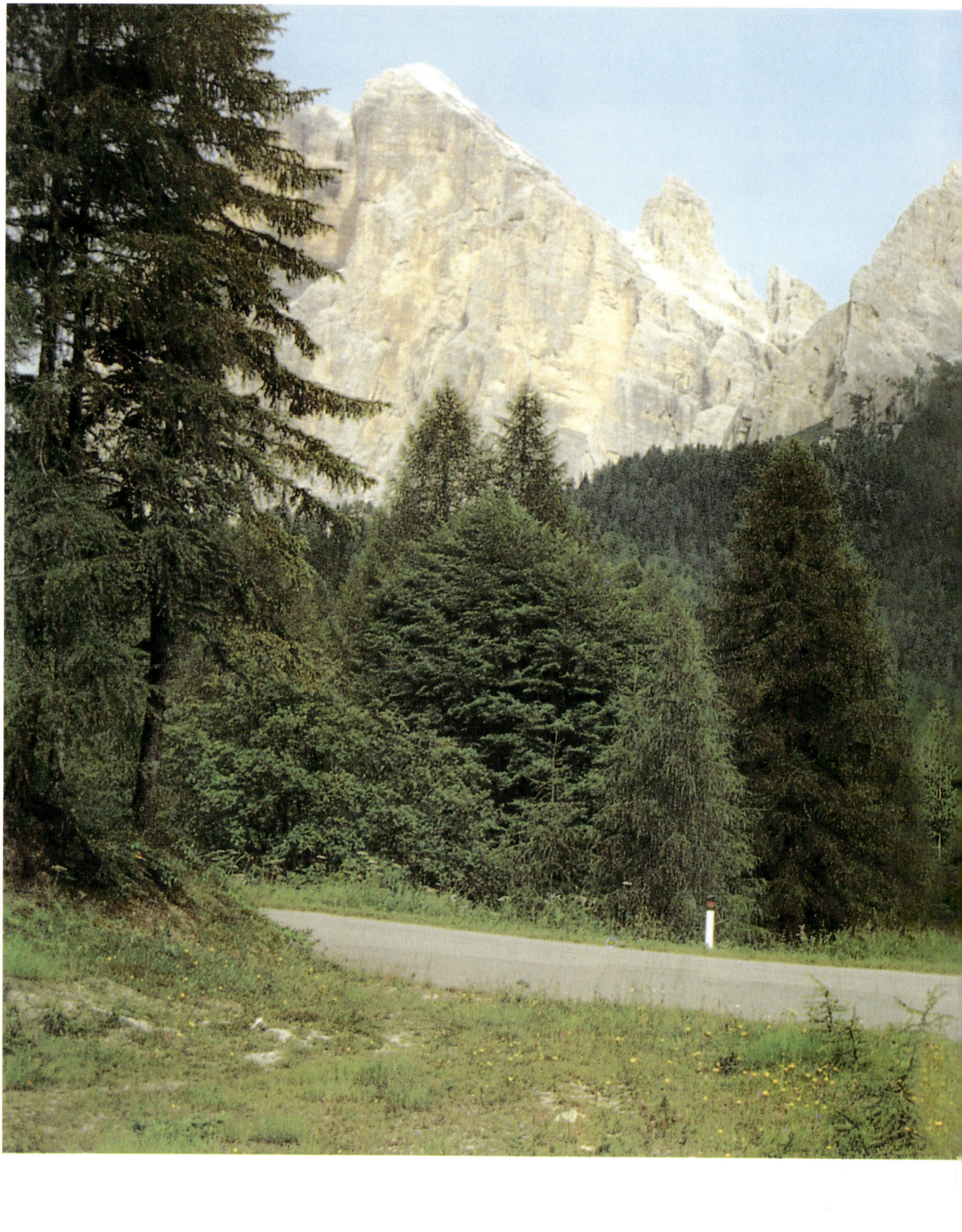

Bruno Geser

MOTORRADTRAUM ALPEN

2160 km mit dem Motorrad über die schönsten Paßstraßen der Alpen

HEEL

HEEL Verlag GmbH
Gut Pottscheidt
53639 Königswinter
Tel.: (0 22 23) 92 30-0
Fax: (0 22 23) 92 30 26

Originalausgabe:
© 1994 BLV Verlagsgesellschaft mbH, München

Genehmigte Sonderausgabe:
© 2000 HEEL Verlag GmbH

Lithos: Lanarepro, Lana bei Meran
Satz: Appl, Wending
Druck: Milanostampa New Interlitho, Mailand, Italien

– Alle Rechte vorbehalten –

Printed and bound in Italy

ISBN 3-89365-843-2

Inhalt

Vorwort	7
Allgemeine Hinweise	8
Einreise- und Verkehrsbestimmungen in den Alpenländern	10
Übersicht der Paß- und Bergstraßen	13

1. Abschnitt: 14
   Wien–Mariazell Österreich
   Durch den Wienerwald

2. Abschnitt: 21
   Mariazell–Liezen Österreich
   Durch die »grüne Mark« Österreichs

3. Abschnitt: 27
   Liezen–Salzburg Österreich
   Durch das Salzkammergut

4. Abschnitt: 34
   Salzburg– Österreich/Deutschland
   Zell am See
   Über die höchste deutsche Alpenstraße

5. Abschnitt: 40
   Zell am See–Lienz Österreich
   Über die Großglockner-Hochalpenstraße

6. Abschnitt: 46
   Lienz–Schluderbach Österreich/Italien
   Von Osttirol nach Südtirol

7. Abschnitt: 52
   Schluderbach–Canazei Italien
   In den Dolomiten

8. Abschnitt: 60
   Canazei–Cles Italien
   Von den Dolomiten ins Trentino

9. Abschnitt: 67
   Cles–Bórmio Italien
   Über den Gáviapaß

10. Abschnitt: 73
   Bórmio–Davos Italien/Schweiz
   Auf der höchsten Paßstraße der Ostalpen

11. Abschnitt: 81
   Davos–Chiavenna Schweiz/Italien
   Im Land der Bünde

12. Abschnitt: 88
   Chiavenna–Bellinzona Italien
   Von den oberitalienischen Seen ins Tessin

13. Abschnitt: 93
   Bellinzona–Gletsch Italien/Schweiz
   Durch das »Tal des Zitterns«

14. Abschnitt: 99
   Gletsch–Martigny Schweiz
   Durch das Wallis

15. Abschnitt: 108
   Martigny– Schweiz/Frankreich
   Courmayeur
   Zum höchsten Berg Europas

16. Abschnitt: 114
   Courmayeur–Séez Frankreich
   Vom Aostatal in die Tarentaise

17. Abschnitt: 120
   Séez–Modane Frankreich
   Von der Tarentaise in die Maurienne

18. Abschnitt: 126
   Modane–Briançon Frankreich
   Zum südlichsten Viertausender der Alpen

19. Abschnitt: 131
   Briançon–Jausiers Frankreich
   In die »Casse Déserte«

20. Abschnitt: 138
   Jausiers–Nizza Frankreich
   Über den höchsten Paß der Alpen

5

Im Val Bregaglia, besser bekannt als Bergell, beherrscht grauer Granitfels die Szenerie.

Vorwort

In einem gigantischen, gut 1200 Kilometer langen und bis zu 240 Kilometer breiten Bogen spannt sich Europas zentrales Gebirge von Wien bis Nizza. Auf den bekannten Alpenübergängen ist es rasch überwunden, und oftmals sind die Staus und Wartezeiten an den großen Grenzübertrittsstellen das einzige Erlebnis, das dem Reisenden von den Alpen dabei im Gedächtnis haften bleibt. Damit wird man dem Erlebnis Alpen freilich keinesfalls gerecht, und wenn Sie sich entschließen, alle 20 Abschnitte der in diesem Buch vorgestellten Motorradtour durch die Alpen nachzufahren, liegen gut 2000 Streckenkilometer durch eine der schönsten Landschaften der Erde vor Ihnen.

Als sich 1915 eine Engländerin im Auto von Interlaken über den Grimselpaß nach Gletsch chauffieren ließ, war dies noch ein Ereignis, das in allen Zeitungen des Kontinents und der Britischen Insel nachzulesen war. Heute zählen die Alpen zu den besterschlossenen Gebieten Europas, ja der ganzen Welt, und angesichts des ständig zunehmenden Ausbaus und der steigenden Touristenströme wünscht man sich manchmal insgeheim etwas von diesen alten Zeiten zurück, als etwa eine Überquerung der Großglockner-Hochalpenstraße auf unbefestigter, staubiger Piste noch ein echtes Abenteuer war.

Ein Abenteuer im eigentlichen Sinne ist eine Alpendurchquerung, auch wenn sie sich ständig entlang des Hauptkamms hält und dabei noch einsame und unberührte Regionen berührt, gewiß nicht mehr. Dafür ist dieses Gebirge bereits zu gut erschlossen. Aber wenn am Gáviapaß plötzlich Nebel einfällt, Nieselregen und Kälte zudem das Vorankommen erschweren und zu guter Letzt sich auch das Benzin im Tank langsam dem Ende zuneigt, dann kann schon ein Abenteuer daraus werden.

Oder wenn sich etwa am Stilfser Joch ein Hochgebirgsgewitter entlädt und wahre Sturzbäche von den Felswänden herunter die Straße überfluten, dann ist man froh um den schutzgewährenden Tunnel oder die Galerie, deren Durchfahrung man vorher eher als lästiges Übel angesehen hat, und die Welt im meist nur wenige Kilometer entfernten Tal mit den sicheren Ortschaften gewinnt plötzlich eine ganz andere Bedeutung.

Aber eine Alpentour besteht nicht nur aus Nebel, Regen und Gewittern. Nein, die positiven Aspekte überwiegen bei weitem. Die nicht enden wollenden Kurven und Kehren auf den Paßstrecken, die ungetrübten Fahrspaß vermitteln; die unvergleichlichen Panoramen, die sich fast hinter jeder Kehre neu auftun, von den einmaligen Dolomiten über die schnee- und eisgepanzerten Bergriesen der Schweizer Alpen bis zu der grandiosen Einöde in den französischen Seealpen, in denen uns die Straße bis in Höhen von annähernd 3000 Metern führt. Das Bad in einem eiskalten Gebirgsbach genauso wie der unvergeßliche Sonnenuntergang, den man bei der Abfahrt vom letzten Paß des Tages hinunter ins Tal genießen kann. Die Nacht im Schlafsack unterm sternenübersäten Himmel mag im nachhinein nicht minder schön gewesen sein wie die Übernachtung in einem Vier-Sterne-Hotel.

Natürlich kann diese Aufzählung nicht umfassend sein, aber sie soll Ihnen einen kleinen Eindruck vermitteln, was Sie auf einer Alpendurchquerung erwartet. Und wenn Sie nun angeregt durch Text und Bilder einige oder vielleicht alle Abschnitte nachfahren wollen, würde ich mich freuen. Dennoch eine große Bitte: Nehmen Sie sich Zeit zur Vorbereitung, befassen Sie sich gründlich mit der Strecke, und fahren Sie grundsätzlich vorsichtig und defensiv. Nur dann kann eine Alpendurchquerung das werden, was dieses Buch verspricht: ein einmaliges Erlebnis in einer der schönsten Landschaften der Erde.

Bruno Geser

Allgemeine Hinweise

2160 Kilometer lang ist der gesamte Streckenverlauf von Wien bis Nizza, der in diesem Buch in 20 Tagesabschnitte unterteilt wurde – ein Motorradtraum par excellence!
Wenn die einzelnen Abschnitte auf den ersten Blick auch nicht besonders lang erscheinen, bedenken Sie bitte, daß das Motorradfahren im Gebirge ganz andere Voraussetzungen an Fahrer und Maschine stellt als das Fahren in der Ebene. 100 Kilometer auf der Autobahn mag man völlig entspannt in weniger als einer Stunde zurücklegen. 100 Kilometer auf kurvenreichen Gebirgsstraßen mit starken Steigungs- und Gefällstrecken erfordern ständige Konzentration, Kondition und ein vielfaches an Zeitaufwand. Planen Sie Ihre Etappen deshalb nicht zu lang, und legen Sie auf Bergstrecken auch öfter kurze Ruhepausen ein.

Auch sollten Sie vor Bergfahrten Ihre Maschine nochmals einer gründlichen Inspektion unterziehen. Ein ordnungsgemäßer Zustand wird zwar immer vorausgesetzt, aber wenn etwa die Bremsbeläge oder die Reifen in einem Grenzbereich der Toleranz liegen, wechseln Sie sie in jedem Fall vorher aus. Auch den Stoßdämpfern kommt bei kurvenreichen Fahrten erhöhte Bedeutung zu. Gehen Sie auch hier keine Kompromisse ein, sondern wechseln Sie die Stoßdämpfer bereits bei den ersten Anzeichen von Verschleiß aus. Wenn ein Ölwechsel ansteht, lassen Sie ihn vor Reiseantritt durchführen, und überprüfen Sie die Bremsflüssigkeit sowie die Batterie.

Kontrollieren Sie während der Fahrt hin und wieder die ordnungsgemäße Funktion der Beleuchtung sowie der Brems- und Blinklichter. Diese sind durch die starken Vibrationen aufgrund des schlechten Zustands mancher Paßstraßen einem stärkeren Verschleiß ausgesetzt.

Gute, regen- und winddichte Bekleidung ist auf dem Motorrad ohnehin selbstverständlich, da bei Hochgebirgsfahrten immer mit Wetterumschwüngen, bis hin zu plötzlich einsetzendem Schneefall im Hochsommer, zu rechnen ist.

Achten Sie stets darauf, genügend Benzin im Tank zu haben. Vor allem auf abgelegeneren Paßstrecken in Italien und Frankreich gibt es oftmals keine Tankmöglichkeiten. Das Benzin muß also bis zur nächsten größeren Ortschaft reichen.

Passen Sie Ihre Fahrweise den jeweiligen Gegebenheiten an. So ist im Hochgebirge ständig mit verschmutzten Fahrbahnen und Steinen bis hin zu größeren Felsbrocken auf der Strecke zu rechnen. Besondere Vorsicht gilt bei Tunnels, die oftmals unbeleuchtet sind. Schlaglöcher, Nässe und, besonders im Frühjahr, Schnee- und Eisreste sorgen hier für erhöhte Gefährdung. Bedenken Sie auch, daß sich das Auge bei Ein- und Ausfahrten in bzw. aus Tunnels erst an die veränderten Lichtverhältnisse gewöhnen muß. Fahren Sie deshalb grundsätzlich und speziell auf Bergstraßen vorsichtig und defensiv.

Zur besseren Information und genauen Reiseplanung sind in diesem Buch zu jedem Abschnitt einige organisatorische Hinweise angegeben. Aus den Streckenskizzen sowie der Nennung der wichtigsten Orte und Pässe ist der Routenverlauf ersichtlich.

Mit Straßensperrungen und dadurch bedingten unvorhergesehenen Abweichungen von der beschriebenen Routenführung ist im Gebirge immer zu rechnen. Sie sollten deshalb grundsätzlich immer eine Landkarte mitführen. Bewährt haben sich die Generalkarte bzw. die Michelin-Karte für den französischen Teil. Mit ihrem recht großen Maßstab von 1:200 000 ermöglichen sie einen genauen Überblick. Es genügt allerdings auch eine Karte in kleinerem Maßstab, etwa die Euro-Länderkarte Alpen, 1:800 000, RV Verlag, auf welcher der gesamte Streckenverlauf eingetragen ist.

Wichtig ist die Beachtung der Paß-Öffnungszeiten. Nur innerhalb dieses Zeitraums werden diese Strecken von Schnee und Eis geräumt und für den öffentlichen Verkehr in einem befahrbaren Zustand gehalten. Beachten Sie aber, daß plötzliche witterungsbedingte Verschiebungen nie vollkommen auszuschließen sind. Sogar bei ganzjährig geöffneten Strecken sind tagelange Lawinen- bzw. Schneesperren möglich. Es ist deshalb ratsam, sich vor Fahrtantritt die aktuellen Auskünfte über die Befahrbarkeit der Alpenstraßen bei den jeweiligen Informationsdiensten einzuholen:

Deutschland:	**ADAC München,** Tel. 089/50 50 61
Österreich:	**ÖAMTC Wien,** Tel. 00 43/1 71 19 90
Italien:	**ACI Rom,** Tel. 00 39/64 99 81
Schweiz:	**ACS Bern,** Tel. 00 41/31 22 47 22 **TCS Genf,** Tel. 00 41/2 27 37 12 12

Den hervorragenden Ausbauzustand der Großglockner-Hochalpenstraße dokumentieren auch die am Straßenrand angebrachten Kilometersteine.

Einreise- und Verkehrsbestimmungen in den Alpenländern

Österreich

Grenzübertritt
Für die Einreise ist ein Reisepaß oder ein Personalausweis erforderlich. Für Kinder unter 16 Jahren benötigt man einen Kinderausweis oder einen entsprechenden Eintrag im Elternpaß.

Verkehrsbestimmungen
Die Höchstgeschwindigkeit für Pkw und Motorräder beträgt außerhalb von Ortschaften 100 km/h; in Tirol und Vorarlberg 80 km/h; auf Autobahnen 130 km/h. Von 22.00 bis 5.00 Uhr sind als Höchstgeschwindigkeit auf allen Autobahnen außer der A 1 (Salzburg – Wien) und der A 2 (Wien – Villach) 110 km/h erlaubt.
 Im Bereich von 80 m vor und nach einem Bahnübergang darf nicht überholt werden.
 Vorfahrtsberechtigte verlieren durch Anhalten ihre Vorfahrt.
 Motorrad- und Mopedfahrer müssen einen Verbandskasten mitführen.

Pannenhilfsdienst
In ganz Österreich können in der Zeit von 0 bis 24.00 Uhr Straßenwachtfahrzeuge unter der Rufnummer 120 erreicht werden.
 Polizeinotruf: 113; Unfallrettung: 144.

Italien

Grenzübertritt
Für die Einreise ist ein Reisepaß oder ein Personalausweis erforderlich. Für Kinder unter 16 Jahren muß ein Kinderausweis mit Paßbild (bei Kindern von 10 bis 16 Jahren) oder ein entsprechender Eintrag im Elternpaß vorgewiesen werden.
 Kfz-Fahrer benötigen ihren Führerschein und Fahrzeugschein. Die Internationale Grüne Versicherungskarte wird empfohlen, da sie bei Unfällen und Verkehrskontrollen öfter verlangt wird.

Verkehrsbestimmungen
Die Höchstgeschwindigkeit für Pkw und Motorräder beträgt außerhalb von Ortschaften 90 km/h; auf Schnellstraßen mit getrennten Fahrbahnen und zwei Fahrstreifen in jeder Richtung 110 km/h; Autobahnen 130 km/h.
 In Tunnels und Galerien ist das Abblendlicht einzuschalten. Vor dem Anhalten muß geblinkt werden.
 Für Parkverstöße und Geschwindigkeitsübertretungen werden erheblich höhere Bußgelder als in Deutschland erhoben. Die Mißachtung polizeilicher Anweisungen wird streng geahndet.

Pannenhilfsdienst
Der italienische Pannenhilfsdienst ACI ist rund um die Uhr erreichbar. Rufnummer in Ortschaften und auf Landstraßen: 116.
 Polizeinotruf und Unfallrettung: 113.
 Auf Autobahnen gibt es Notrufsäulen.

Schweiz

Grenzübertritt
Für die Einreise ist ein Reisepaß oder Personalausweis erforderlich. Für Kinder unter 16 Jahren ein Kinderausweis oder Eintrag im Elternpaß.
 Kfz-Fahrer benötigen ihren Führerschein und Fahrzeugschein.

Verkehrsbestimmungen
Die Höchstgeschwindigkeit für Pkw und Motorräder beträgt außerhalb von Ortschaften 80 km/h; auf Autobahnen 120 km/h; in Tunnels mit zwei Fahrspuren in beiden Richtungen 100 km/h, bei einer Fahrspur 80 km/h.
 In Tunnels Abblendlicht einschalten. Auf Bergstraßen muß erforderlichenfalls das abwärts fahrende Fahrzeug rechtzeitig anhalten.

Pannenhilfsdienst
Der schweizerische Pannendienst TCS ist ständig unter der Rufnummer 140 erreichbar.

In 2757 m Höhe liegt dieser Parkplatz am Scheitelpunkt der Stilfser-Joch-Paßstraße. Es ist damit der dritthöchste für den öffentlichen Verkehr anfahrbare Punkt in den Alpen.

Polizeinotruf: 17 oder 117. Unfallrettung: 144 oder über Polizeinotruf.

Autobahnen

Autobahnen und autobahnähnliche Straßen mit weiß-grüner Beschilderung sind gebührenpflichtig. Die Vignetten sind beim ADAC oder an der Grenze für 34 DM erhältlich.

Frankreich

Grenzübertritt

Für die Einreise ist ein Reisepaß oder Personalausweis erforderlich. Für Kinder unter 16 Jahren ein Kinderausweis oder Eintrag im Elternpaß.

Kfz-Fahrer benötigen ihren Führerschein und Fahrzeugschein. Die Internationale Grüne Versicherungskarte wird empfohlen.

Verkehrsbestimmungen

Die Höchstgeschwindigkeit für Pkw und Motorräder beträgt außerhalb von Ortschaften 90 km/h, bei Nässe 80 km/h. Auf Straßen mit getrennten Fahrbahnen und zwei Fahrstreifen in jeder Richtung 110 km/h, bei Nässe 100 km/h. Auf Autobahnen 130 km/h, bei Nässe 110 km/h.

Wer seinen Führerschein noch kein ganzes Jahr besitzt, darf nur 90 km/h Höchstgeschwindigkeit fahren.

Bei Regen- und Schneefällen ist Abblendlicht vorgeschrieben.

Pannenhilfsdienst

Unter der Telefonnummer 05 08 92 22 kann der AIT-Assistance rund um die Uhr herbeigerufen werden. Auf Autobahnen sind Notrufsäulen installiert.

Polizeinotruf und Unfallrettung: 17.

Hinweis: Trotz sorgfältiger Recherche kann für die augenblickliche Aktualität sowie für die Vollständigkeit dieser Angaben keine Gewähr übernommen werden.

11

Kurz nach Überfahren der Staller-Sattel-Paßhöhe fällt der Blick auf die Südabstürze von Hochgall und Wildgall, die höchsten Gipfel der Rieserferner-Gruppe.

Übersicht der Paß- und Bergstraßen

Pässe/Bergstraßen	Höhe m	Länge km	max. Steigung bei Auffahrt %	max. Gefälle bei Abfahrt %	Öffnungszeiten	Land
Albulapaß	2315	41	12	12	1.6.–31.10.	Schweiz
Anniviers- mit Zintal-Hochtalstraße	1700	27	13	13	1.1.–31.12.	Schweiz
Auf-dem-Hals-Paß	655	17	9	9	1.1.–31.12.	Österreich
Berninapaß	2330	53	10	12	1.1.–31.12.	Schweiz
Campo-Carlomagno-Paß	1682	49	9	11	1.1.–31.12.	Italien
Céneri-Bergstraße	554	21,5	10	10	1.1.–31.12.	Italien
Drei-Zinnen-Bergstraße	2400	7,5	20	20	1.6.–30.9.	Italien
Falzáregopaß	2117	27,5	8	11	1.1.–31.12.	Italien
Flüelapaß	2383	26,5	10	10	1.1.–31.12.	Schweiz
Forclaz- mit Montets-Pässestraße	1527	41	12	9	1.1.–31.12.	Schweiz/Frankreich
Furkapaß	2436	40	11	11	1.6.–31.10.	Schweiz
Galibierpaß	2646	27,5	12	15	15.6.–15.10.	Frankreich
Gáviapaß	2621	43,5	16	16	1.7.–15.10.	Italien
Großglockner-Hochalpenstraße	2505	49,5	12	12	1.5.– 1.11.	Österreich
Gscheidpaß	982	15	13	10	1.1.–31.12.	Österreich
Halspaß	830	52,5	16	10	1.1.–31.12.	Österreich
Hérémence-Hochtalstraße	2300	27,5	13	15	1.4.–30.9.	Schweiz
Hérens- mit Arolla-Hochtalstraße	2100	44,5	11	11	1.1.–31.12.	Schweiz
Iselsbergpaß	1204	9,5	10	10	1.1.–31.12.	Österreich
Iseranpaß	2770	79,5	12	11	1.7.–30.9.	Frankreich
Izoardpaß	2360	53,5	12	12	15.6.–15.10.	Frankreich
Karerpaß	1752	36,5	10	16	1.1.–31.12.	Italien
Kleiner-Sankt-Bernhard-Paß	2188	51	9	9	15.6.–31.10.	Italien/Frankreich
Koppenpaß	690	20,5	16	23	1.1.–31.12.	Österreich
Lautaretpaß	2058	62,5	10	7	1.1.–31.12.	Frankreich
Loser Panoramastraße	1600	17,5	15	15	1.1.–31.12.	Österreich
Malojapaß	1815	44	3	11	1.1.–31.12.	Italien/Schweiz
Mattertal-Straße	1449	22	10	10	1.1.–31.12.	Schweiz
Mendelpaß	1363	31	10	11	1.1.–31.12.	Italien
Nufenenpaß	2478	38,5	10	10	1.7.–31.10.	Schweiz
Ochsattel	854	12	10	10	1.1.–31.12.	Österreich
Ofenpaß	2149	36	10	10	1.1.–31.12.	Schweiz
Plätzwiese-Sattel-Straße	2000	14,5	18	18	1.6.–30.9.	Italien
Pordoijoch	2239	42,5	8	8	1.1.–31.12.	Italien
Radstatthöhen-Straße	637	14	22	13	1.1.–31.12.	Österreich
Restefond- und Bonette-Paßstraße	2802	51	14	14	15.6.–30.9.	Frankreich
Rohrersattel	853	15	8	8	1.1.–31.12.	Österreich
Roßfeld-Höhenringstraße	1540	21	13	13	1.1.–31.12.	Deutschland
Saastal-Straße	2197	35	13	13	1.6.–31.10.	Schweiz
Sankt-Gotthard-Paß	2108	85,5	10	10	15.5.–15.11.	Schweiz
Sant'-Angelo-Paß	1756	6,5	11	11	1.1.–31.12.	Italien
Schwarzbachwacht-Sattel	868	20	10	11	1.1.–31.12.	Deutschland
Stallersattel	2052	60	12	12	1.6.–31.10.	Österreich/Italien
Stein- mit Knie-Pässestraße	615	31	8	8	1.1.–31.12.	Deutschland/Österreich
Stilfser Joch	2757	50	12	12	1.6.–31.10.	Italien
Télégraphepaß	1600	17,5	10	9	1.1.–31.12.	Frankreich
Tonalepaß	1884	39	10	8	1.1.–31.12.	Italien
Tre-Croci-Paß	1809	12,5	12	11	1.1.–31.12.	Italien
Umbrailpaß	2503	14	8	11	15.5.–15.11.	Schweiz
Valparolapaß	2192	16	10	10	1.1.–31.12.	Italien
Varspaß	2109	35	12	10	1.1.–31.12.	Frankreich

Hinweis: Die maximale Steigung bei der Auffahrt bzw. das maximale Gefälle bei der Abfahrt ist hier in angenommener Fahrtrichtung von Ost nach West angegeben.

1. Abschnitt: *Durch den Wienerwald*

Wien – Mariazell

Strecke:
Wien –
Vösendorf –
Mödling –
Heiligenkreuz –
Alland –
Pottenstein –
Auf-dem-Hals-Paß –
Pernitz –
Gutenstein –
Rohrersattel –
Rohr im Gebirge –
Ochsattel –
St. Aegyd am Neuwalde –
Gscheidpaß –
Terz –
Mariazell

Streckenlänge:
151 km

Paßöffnungszeiten:
Die Paßstraßen sind ganzjährig befahrbar. Mautgebühren werden nicht erhoben.

Karte:
Generalkarte 1 : 200 000, Österreich, Blatt 2.

Wien ist eine faszinierende Stadt, man sieht es nur nicht auf den ersten Blick. Wie ein Gürtel legen sich 22 Wiener Bezirke um den Ersten, die Innenstadt, in der sich so gut wie alle berühmten Bauten und Sehenswürdigkeiten befinden, die den Weltruf dieser Metropole begründen. Egal, aus welcher Richtung man kommt, zuerst gilt es, das Hindernis aus verwirrendem Straßengeflecht, chaotischem Verkehrsaufkommen und reizlosen Häuserfronten mit auffällig vielen Reklametafeln zu überwinden. Dies gelingt eigentlich nur, wenn man irgendwann einmal auf Schilder mit der Aufschrift »Zentrum« stößt und diesen dann bedingungslos folgt. Das Zentrum kündigt sich durch die weitere Zunahme des Verkehrs und zahllose Touristen an. Spätestens wenn man, durch Einbahnstraßen und Sackgassen völlig entnervt, zum dritten Mal an der gleichen Stelle vorbeigefahren ist, wird man sich um einen Parkplatz bemühen, was gar nicht so einfach ist. Zum einen sind fast überall Halteverbotsschilder aufgestellt und zum anderen selbst im Halteverbot alle Plätze mit verbotswidrig abgestellten Fahrzeugen besetzt.

Haben wir einen sicheren Platz gefunden, sind es noch wenige Schritte durch die Fußgängerzone zur berühmtesten Sehenswürdigkeit, dem Dom St. Stephan, von den Wienern liebevoll »Steffl« genannt. Es ist das bedeutendste Bauwerk der Hoch- und Spätgotik in Österreich und eine der bekanntesten Kirchen Europas. 136,70 m beträgt die Höhe des Südturms, und die beiden westlichen »Heidentürme« sind noch 65,60 m hoch. Damit ist der Steffl neben dem Ulmer Münster und dem Kölner Dom die dritthöchste Kirche der Welt.

Auf das 12. Jahrhundert geht der Bau zurück, der erst 1511 fertiggestellt wurde. Im Zweiten Weltkrieg richteten Bomben im April 1945 schwere Zerstörungen an, die einen langen und schwierigen Wiederaufbau bis 1952 notwendig machten. Heute sind es vor allem die Luftverschmutzung, die der Fassade zusetzen, und die notwendigen Erhaltungsarbeiten, die beinahe ständig eine teilweise Einrüstung des Bauwerks erforderlich machen.

Vor dem Dom stehen die Fiaker, zweispännige Pferdefuhrwerke, die ebenfalls nicht minder berühmt sind als der Dom. Eine Rundfahrt führt vorbei an weiteren Sehenswürdigkeiten wie der Hofburg am Michaelerplatz, in der von 1283 bis 1918 die Habsburger residierten. Oder an der Kapuzinerkirche mit der Kaisergruft, einer von außen bescheiden wirkenden Barockkirche aus dem 17. Jahrhundert, in der 144 Mitglieder des Kaiserhauses Habsburg, davon 12 Kaiser und 15 Kaiserinnen, bestattet sind. Die etwa 20 Minuten dauernde Fahrt mit zwei Pferdestärken ist mit

Die Fiaker, zweispännige Pferdefuhrwerke, sind aus dem Stadtbild von Wien nicht wegzudenken. 800 Schilling, umgerechnet gut 110 DM, kostete im Berichtsjahr eine etwa 20 Minuten dauernde Rundfahrt durch die Altstadt.

Der Dom St. Stephan, von den Wienern liebevoll »Steffl« genannt, ist ein würdiger Ausgangspunkt für unsere 2160 km lange Alpenreise. Er gilt als bedeutendstes Bauwerk der Hoch- und Spätgotik in Österreich und ist neben dem Ulmer Münster und dem Kölner Dom die dritthöchste Kirche der Welt.

1. Abschnitt

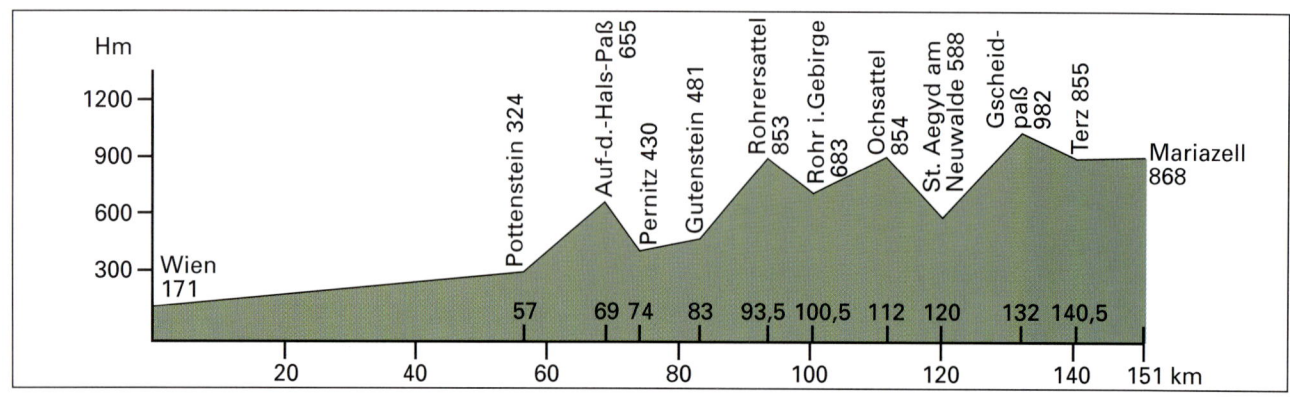

800 Schilling, etwas über 110 DM, allerdings kein billiges Vergnügen. Aber billig ist hier in der City mit den teuersten Einkaufsstraßen und Cafés eigentlich nichts, und wenn man den Geldbeutel schonen will, sollte man sich besser irgendein »Beisl« (Kneipe) in der Vorstadt suchen, wo man die richtige Wiener Lebensart kennenlernen kann.

Das vermittelt auch ein Besuch beim Heurigen, einem herben Weißwein aus der ersten Lese, der in speziellen Lokalen, die durch einen »Buschen« gekennzeichnet sind, ausgeschenkt wird. Wiener Heurigenlokale sind in der Tradition allenfalls mit Münchner Biergärten zu vergleichen, nur daß in ersteren keine Blasmusik, sondern Schrammelmusik mit Ziehharmonika, Gitarre und Geigen gespielt wird. In ein Heurigenlokal kann man auch sein Essen selbst mitbringen, das traditionsgemäß aus hartgekochten Eiern, kaltem Braten, Rettich, Gurkerln, Zwiebeln und Kartoffelsalat besteht.

Grinzing, ein ehemaliges Weinbauerndorf, jetzt als 19. Bezirk dem Stadtgebiet eingegliedert, ist wohl das bekannteste Viertel, in dem der Heurige ausgeschenkt wird. Es liegt am Fuße des Kahlenberges, einem 483 Meter hohen Hügel, von dem man einen umfassenden Überblick über das Häusermeer der 1,7-Millionen-Stadt an der Donau hat.

Den Blick auf Wien kann man aber auch einfacher haben, nämlich vom Riesenrad im Wiener Prater aus. 54 Meter hoch ist das Wahrzeichen des Volks- oder Wurstlprater, wie dieser ausgedehnte Vergnügungspark im 2. Bezirk, in der Leopoldstadt, ganz in der Nähe des Zentrums, auch genannt wird. 20 Minuten dauert eine Runde mit dem mächtigen Ungetüm, das sich bereits seit 1897 dreht. Karussels, Schaubuden, eine Liliputbahn und ein Planetarium mit dem Pratermuseum sind weitere Attraktionen.

Was gibt es noch in Wien? 78 Museen und 35 Theater, 98 Kinos, 70 Bibliotheken, 1583 Kaffeehäuser, 1726 Gasthäuser und Restaurants und über 400 Hotels und Pensionen, die bei über 6 Millionen ausländischen Gästen pro Jahr meist ausgebucht sind.

Irgendwann müssen wir uns dann losreißen und den richtigen Weg aus der Stadt suchen. Es geht in südlicher Richtung, zuerst der Beschilderung »A 2 Graz« folgend, dann auf die Straße Nr. 17 Richtung Mödling. Direkt an das Ortsendeschild von Wien schließt Vösendorf an, und wenig später sind wir in Mödling. Viel Verkehr auch hier noch, trotzdem sollte man den Blick auf die Häuser der mittelalterlichen Babenbergerstadt werfen. Entlang der Hauptstraße stehen einige der schönsten, teilweise mit Sgraffito-Malerei geschmückt, und wer aufpaßt: im Haus Nr. 79 mit dem gotischen Arkadenhof wohnte in den Jahren 1819 bis 1820 kein Geringerer als Ludwig van Beethoven.

Gleich nach der Stadt fällt uns eine landschaftliche Besonderheit auf. Links und rechts der Straße drängen sich Föhren mit riesigen, schirmartigen Kronen, und hin und wieder schaut heller Kalkfels aus den grünen Wäldern hervor. Und noch etwas fällt auf: Der Verkehr wird zunehmend weniger, das Fahren tritt nunmehr in den Vordergrund und beginnt langsam Spaß zu machen.

Aber noch liegen eine Reihe von Sehenswürdigkeiten an unserem Weg, die immer wieder eine Rast erforderlich machen. Die Seegrotte in Hinterbrühl etwa, wo sich in einem ehemaligen Gipswerk der größte unterirdische See Europas befindet. Oder ganz in der Nähe die Höldrichsmühle, in der Franz Schubert einige Lieder aus dem Zyklus »Die schöne Müllerin« komponiert haben soll. In Heiligenkreuz steht die älteste Zisterzienserabtei Österreichs mit einem herrlichen Kreuzgang aus dem 13. Jahrhundert und einem sehenswerten Arkadenhof.

Mayerling liegt etwas abseits unserer Strecke. Dort befand sich einst das Jagdschloß, in dem am 30. Januar 1889 der Thronfolger Rudolf, Sohn Kaiser Franz Josephs, gemeinsam mit der Baronesse Mary Vetsera Selbstmord beging. Das Jagdschloß wurde zum Andenken an dieses Ereignis in ein Kloster umgewandelt. In der Nähe erhebt sich, im dichten Wald unseren Blicken allerdings verborgen, der Peilstein, 718 Meter hoch und beliebtestes Klettergebiet der Wiener Bergsteiger.

Hinter Pottenstein können wir uns endlich ganz aufs Fahren konzentrieren. In einsamer, waldreicher Landschaft überqueren wir unseren ersten Paß, den Auf-dem-Hals-Paß, 655 Meter hoch und eigentlich nur ein unbedeutender Sattel, der nicht einmal würdig

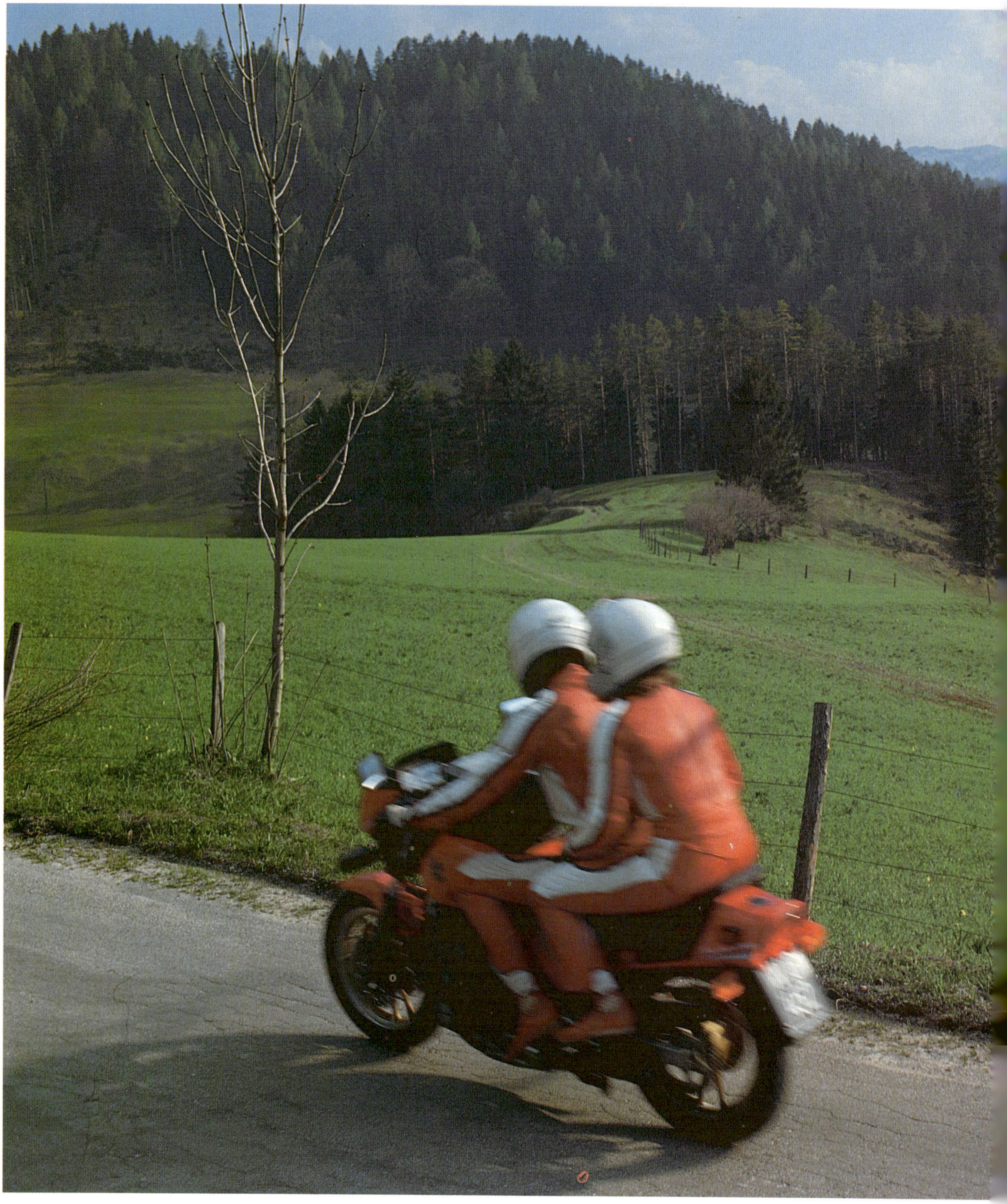

Fast zu schnell für die Kamera sind Fahrer und Maschine hier bei der Auffahrt über die Westseite des Ochsattels. Aber die verkehrsarme Streckenführung läßt einen kurzen, kräftigen Dreh am Gasgriff schon einmal zu.

befunden wurde, ein Paßschild, geschweige denn ein Gasthaus auf seinem höchsten Punkt zu bekommen. Dafür ist er so herrlich abgelegen, daß wir bei der Überquerung vielleicht nicht ein einziges Fahrzeug zu Gesicht bekommen.

In Pernitz sind wir dann wieder in der Zivilisation und beginnen in Gutenstein, einer kleinen Sommerfrische im Pernitztal, die Auffahrt zum Rohrersattel. Im oberen Teil gut ausgebaut, einige schöne Kurven und Kehren, von deren oberster man einen großartigen Blick auf den Schneeberg im Süden – immerhin der östlichste Zweitausender der Alpen – hat.

Durch den Zellenbachgraben geht es abwärts, verstreut im Talboden liegen die Häuser von Rohr im Gebirge, wo wir mit der Auffahrt zum Ochsattel den dritten Paß des Tages in Angriff nehmen. Er ist mit 854 Metern Höhe genau einen Meter höher als der vorangegangene Rohrersattel, aber landschaftlich und vom fahrerischen Anspruch her diesem gleichwertig.

Wer trotzdem einen etwas stärkeren Ausflugsverkehr feststellen mag, weiß bald, warum. Der Gasthof »Kalte Kuchl« etwas unter der Paßhöhe ist ein gernbesuchtes Ausflugsziel und beliebter Motorradfahrer-Treffpunkt. Kein Wunder bei folgendem Menüvorschlag: Geräucherte Bachforelle mit Oberskren, feine Griesnockerlsuppe, Wiener Tafelspitz mit Gerösteten, Apfelkren und Schnittlauchsauce, Apfelstrudel, Auswahl von österreichischem Käse und zum Nachtisch Kaffee und Sachertorte. Danach kann man eigentlich nur noch hoffen, daß man die Kombi wieder zubekommt. – Etwas weniger bekannt, aber nicht minder empfehlenswert ist der Gasthof »Ochsattel« direkt auf der Paßhöhe. Palatschinken, Germknödel, Kaiserschöberlsuppe, Schweinsbraten mit Kümmel, Marillenknödel, Milchrahmstrudel, Ribiseltorte oder eine appetitanregende Brettljause lassen einem auch hier das Wasser im Munde zusammenlaufen.

So gestärkt, sollte es eigentlich kein Problem sein, auch den letzten und höchsten Paß dieses Tages, den Gscheidpaß, mit 982 Metern schon fast ein richtiger Eintausender, zu bezwingen. Es ist ein langgezogener, wald- und wiesenreicher Sattel südwestlich des Göller-Massivs, der sich kurz einmal bis auf 13 % aufsteilt.

Auf der Bundesstraße 31 erreichen wir schließlich Mariazell.

Der Alpengasthof »Kalte Kuchl« auf der Ostseite des Ochsattels ist ein gernbesuchtes Ausflugsziel und beliebter Motorradfahrer-Treffpunkt.

2. Abschnitt:
Durch »die grüne Mark« Österreichs

Mariazell – Liezen

Strecke:
Mariazell – Gußwerk – Halspaß – Weichselboden – Wildalpen – Palfau – Radstatthöhe – Mooslandl – Hieflau – Admont – Liezen

Streckenlänge:
117 km

Paßöffnungszeiten:
Die Paßstraßen sind ganzjährig befahrbar. Mautgebühren werden nicht erhoben.

Karte:
Generalkarte 1 : 200 000, Österreich, Blatt 2 und 4.

Wir sind in der Steiermark. Ihr Name leitet sich von den Grafen von Steyr ab, deren Besitztümer zur Mark erhoben wurden. In Österreich wird das Land auch die »grüne Mark« genannt, und dies aus gutem Grund. 75 % der Fläche sind Gebirgs- und Vorgebirgsregion und größtenteils mit Wald und saftigen grünen Weiden bedeckt. Verständlich, daß sich dies auch im Landeswappen niederschlug, das auf grünem Grund einen recht gefährlich aussehenden, feuer- und rauchspeienden Panther trägt. Die Steiermärker sind allerdings eher ein friedfertiges Volk, was wohl auf ihre größtenteils bajuwarische Herkunft zurückzuführen ist.

Vielleicht auch auf ihre Vorliebe für gutes Essen. Ein Reisender aus Frankreich soll sich im Jahre 1738 folgendermaßen über die Steiermärker geäußert haben: »Ihre Köpfe machen wirklich einen Teil ihrer Wänste aus und sind wie diese mit nichts als Schinken, Würsten und dergleichen angefüllt. Man redet von nichts anderem, als was in Küche und Keller gehört, einige Abschweifungen aufs Theater ausgenommen.«

Genaugenommen ist das sogar als Kompliment zu sehen, zeigt es doch, daß die Steirer gemütlich, lebenslustig und kulturinteressiert sind. Einen echten Steirer erkennt man nicht nur an der Kleidung – die Tracht besteht aus einem grauen Rock und grünen Streifen an den Hosennähten, dazu ein himmelhoher, spitz zulaufender Lodenhut mit runder, schlapp herunterhängender Krempe –, sondern auch an der Sprache. Die Vokale »o« und »u« werden hier als Diphtong »ou« gesprochen, was in der Praxis dann z. B. »wou bist dou« klingt.

Mariazell ist der meistbesuchte Wallfahrtsort Österreichs und eine der meistverehrten Gnadenstätten Mitteleuropas. Unübersehbar ist die Wallfahrtskirche Maria Geburt, die im Jahre 1157 von Benediktinern gegründet wurde. Ihre auffallende, eigenwillige Fassade mit dem grauen, gotischen Turm, der von zwei gedrungenen, rotweißen Zwiebeltürmen, die eindeutig dem Barockstil zuzuordnen sind, flankiert wird, prägt das Stadtbild. Durch ein gotisches Portal aus dem 14. Jahrhundert betritt man das prachtvoll barockisierte Innere mit der freistehenden Gnadenkapelle. Darin befindet sich die verehrte romanische Madonna aus dem 12. Jahrhundert, die sogenannte »Magna Mater Austriae«, die von einem prunkvollen Silberaltar umrahmt wird. Dahinter der nicht minder beeindruckende Hochaltar von Johann Bernhard Fischer von Erlach, dem wohl berühmtesten Barockarchitekten des Landes. Vor dem Verlassen kann man noch die Schatzkammer links vom Eingang aufsuchen, in der unter anderem eine beachtenswerte italienische Madonna aus dem Jahre 1380 ausgestellt ist.

Wieder im Freien, können wir noch das Angebot der Devotionalien- und Andenkenstände vor der Kirche betrachten, bevor wir das Städtchen in südlicher Richtung verlassen. Über einige Kehren geht es hinunter ins Tal der Salza bis Gußwerk, einem kleinen Ort an der Abzweigung der Salzatalstraße von der wichtigeren Nord–Süd-Verbindung über den Aflenzer Seeberg nach Kapfenberg und Bruck an der Mur. Wir folgen dem Salzatal, das hier eine kräftige Querfurche zwischen dem Hochschwab-Massiv im Süden und den Göstlinger Alpen mit der Kräuterin im Norden bildet.

Es ist eine urwüchsige, einsame und wildromantische Landschaft, die der eiszeitliche Salzagletscher geformt hat und die ihrer Naturschönheiten wegen zum Naturschutzgebiet erklärt wurde. Fast möchte man es nicht glauben, daß es in den oftmals überlaufenen und dichtbesiedelten Alpen noch solche

2. Abschnitt

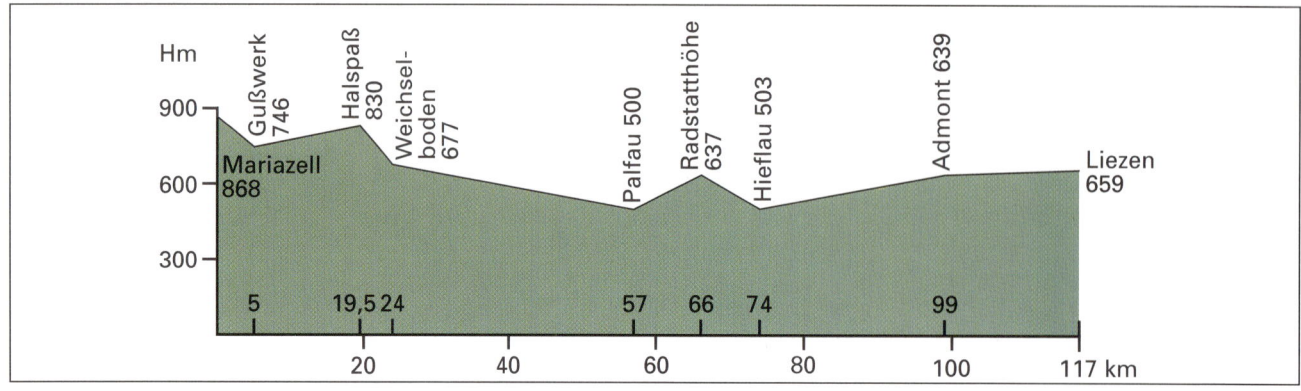

Das Tal der Salza, hier etwa auf Höhe der Presceny-Klause, gehört zu den urwüchsigsten, einsamsten und wildromantischsten Landschaften der Steiermark.

Oasen der Ruhe gibt. Wiesenböden wechseln mit engen, gewundenen Talabschnitten, aus Schluchten geht es plötzlich nach oben über kleine Nebensättel, Fels tritt an die Straße, um sich wenig später wieder von dunklem Wald ablösen zu lassen. Wenn man einem Auto begegnet, hat dies fast immer ein oder mehrere Kajaks auf dem Dachständer, für welche die teils wild schäumende, dann wieder gemächlich und ruhig dahingleitende Salza ein ideales Betätigungsfeld ist. Sonst trifft man meist nur noch Wanderer und Radfahrer in dem äußerst dünn besiedelten Talboden, und man ist bemüht, so wenig Lärm wie möglich zu machen, um die Idylle ringsherum nicht zu stören.

In Weichselboden, einer kleinen Ansammlung von Holzhäusern, wird es schon richtig alpin, über den grünen Wiesen wachsen steile Felswände nach oben, und vier Täler strahlen mit scharf eingeschnittenen Schluchten sternförmig aus. Besonders eindrucksvoll ist die Hintere Höll, die zur 2008 Meter hohen Hochweichsel zieht und deren Talboden man in einem gut 1stündigen Fußmarsch erwandern kann. Wenn nicht hier, sollte man doch irgendwo anders die Maschine abstellen und am Fluß entlang oder in eines der Täler hineinwandern.

Gelegenheit dazu gibt es reichlich. Bei der Presceny-Klause etwa, einer kleinen Staustufe, wo die Kajakfahrer ihre Boote ins Wasser setzen, oder in Wildalpen, dessen Name bereits die Umgebung charakterisiert und Ausgangspunkt für zahlreiche Bergwanderungen ist. Wer es weniger anstrengend will, kann von hier einen Abstecher ins 4 Kilometer entfernte Wildalpen unternehmen. Durch eine romantische, bewaldete Schlucht gelangt man in einen überraschend weiten Wiesenkessel mitten im Hochschwab-Massiv. Wer sich noch nicht vom Salzatal trennen kann, dem sei der Zeltplatz in Wildalpen, direkt am Salzaufer gelegen, zu empfehlen. Als Motorradfahrer kommt man sich unter all den Kanuten allerdings etwas verloren vor.

Von Wildalpen ist es dann nur noch ein Katzensprung bis zur Einmündung in die Bundesstraße 25 bei Palfau, der wir linkshaltend folgen. Die Landschaft tritt etwas in den Hintergrund, auch der Verkehr nimmt wieder zu, und hinter Gams müssen wir gehörig am Gasgriff drehen. Auf 22 % steigt die Straße an der

Warum die Steiermark auch die »grüne Mark Österreichs« genannt wird, verdeutlicht diese Ansicht kurz hinter Admont, bei der Einfahrt ins Ennstal.

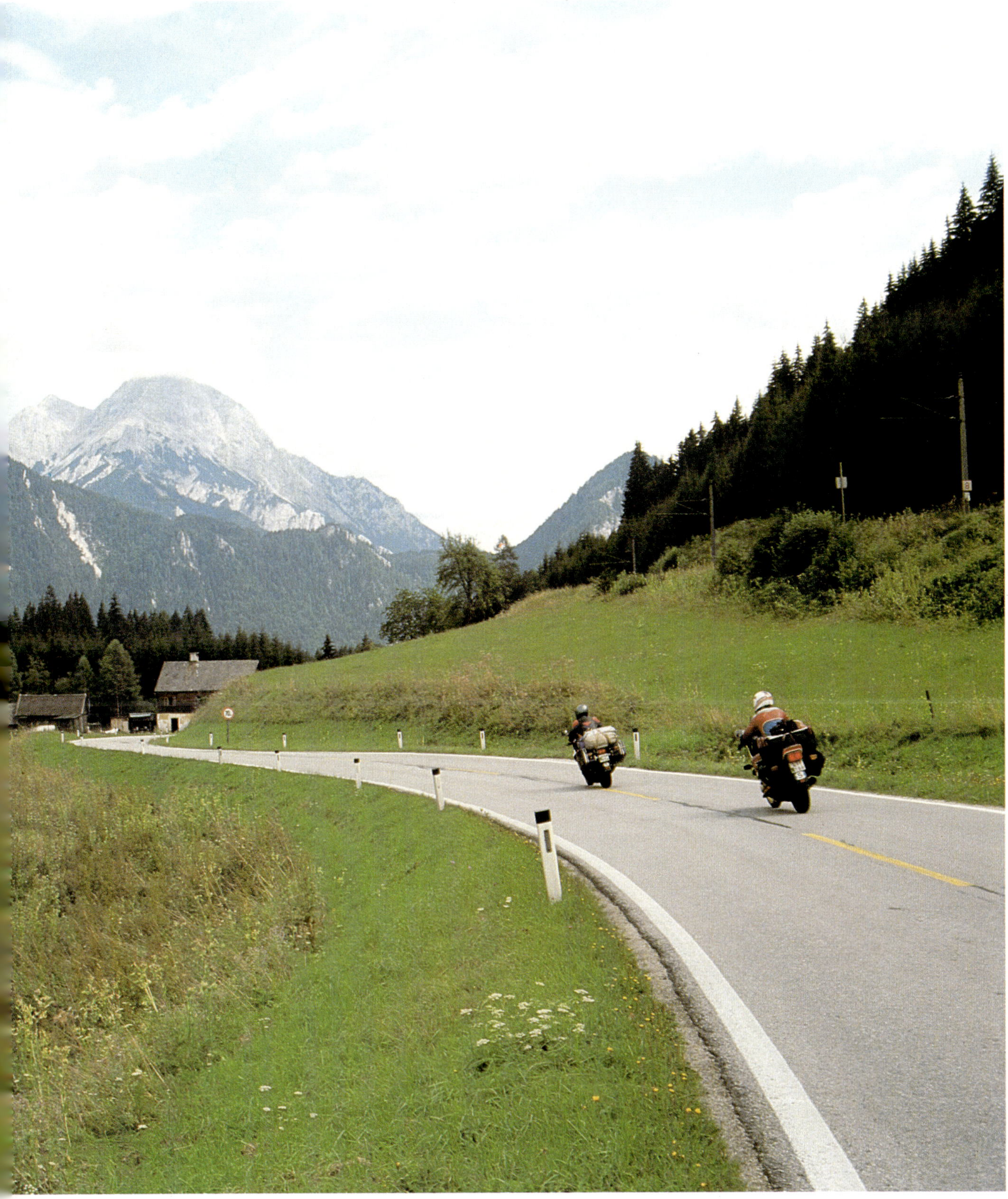

Radstatthöhe an, bevor sie wieder in das weite Talbecken von Mooslandl abfällt.

Ab hier folgen wir der Enns, die aus den Ennstaler Alpen austritt und eine fast rechtwinklige Biegung nach Norden beschreibt. Vor uns können wir die dreikantige Spitze des 2217 Meter hohen Lugauer erkennen, den ersten Gipfel der Gesäuseberge, der seiner Form wegen auch das »Matterhorn der Steiermark« genannt wird. Wer will, kann einen Abstecher ins 16 Kilometer entfernte Eisenerz unternehmen. Wie eine offene Wunde der Natur zeigt sich dort der rotleuchtende, terrassenförmige Erzberg, an dem seit römischen Zeiten Spateisenstein im Tagbau abgetragen wird. Unser Weiterweg führt allerdings an der Enns entlang in einen Talabschnitt, der Gesäuse genannt wird.

Woher dieser Ausdruck stammt, mag anfangs noch nicht so recht klar sein. Das Tal ist weit, und die Enns, der bedeutendste Fluß im nordöstlichen Teil Österreichs, scheint durch Kraftwerksbauten gezähmt zu sein. Erst langsam drängen sich die Berge der Ennstaler Alpen an die Straße, wo wir uns den wenigen zur Verfügung stehenden Platz im Talboden mit der Eisenbahn teilen. Bei Gstatterboden wechseln wir auf die südliche Talseite über und sollten bei der Haltestelle Johnsbach den Abstecher ins Johnsbachtal nicht versäumen, der uns mitten hinein ins Herz der Gesäuse-Gruppe führt, die nicht umsonst zu den schönsten Gebirgslandschaften in den Ostalpen gezählt wird.

Aber man muß wieder zurück aus dem stillen Seitental zur Enns, um endlich dem Namen »Gesäuse« auf die Spur zu kommen. Dazu sollten wir aber besser den Helm abnehmen und den Motor abstellen. Unüberhörbar ist das Rauschen des Flusses, der zwischen dem Hochtor und dem Großen Buchenstein in einer engen, steilen Schlucht unter beträchtlichem Getöse die Ennstaler Alpen durchbricht. Die ständige Geräuschkulisse, die von den steilen Wänden des tief eingeschnittenen Tales verstärkt wird, macht dem Namen »Gesäuse« alle Ehre.

Eine enge Eisenbahnunterführung entläßt uns aus der Schlucht in das weite Wiesental von Admont, das sich schon bald durch die Türme der Stiftskirche ankündigt. Den Ruhm der 1074 gegründeten Benediktinerabtei be-

gründet die eindrucksvolle Rokoko-Stiftsbibliothek mit über 145 000 Buchbänden und 1045 Handschriften. Für das leibliche Wohl ist die Stiftskellerei zuständig, doch sollte man den Besuch nicht zu ausgiebig ausfallen lassen, denn wir müssen noch ennsaufwärts bis Liezen.

Mehr als 145 000 Buchbände und 1045 Handschriften beinhaltet die Rokoko-Stiftsbibliothek der Benediktinerabtei von Admont. Aber auch die Stiftskellerei ist einen Besuch wert.

3. Abschnitt:
Durch das Salzkammergut

Liezen – Salzburg

Mehr als 4000 Jahre ist es her, daß sich die Menschen in die damals noch unwegsamen Täler zu Füßen des Dachstein-Gebirges aufmachten, um dort nach Salz zu suchen. Beim heutigen Hallstatt wurden sie fündig und begründeten damit den Reichtum einer Region, der sich bis in unsere Zeit erhalten hat. Heute ist es aber nicht mehr das »Weiße Gold«, wie die kostbaren Salzkristalle auch genannt wurden, sondern der Fremdenverkehr, der den Wohlstand sichert.

Geblieben ist der Name Salzkammergut aus der Zeit, als die Gewinnungs- und Verarbeitungsstätten der Salzerzeugung noch direkt der habsburgerischen Hofkammer in Wien unterstanden. Nun steht er für eine der schönsten Ferienlandschaften der Alpen, in der Erholungsuchende eine Symbiose aus Wäldern, Seen und Bergen finden, wie sie sonst im Alpenraum kaum ein zweites Mal anzutreffen ist. Und was könnte die Beliebtheit dieses Reiselandes besser verdeutlichen, als die Zahl der jährlichen Übernachtungen, welche die fünf Millionen regelmäßig überschreitet.

Von Liezen rollen wir gemächlich auf der Bundesstraße 308 das breite Ennstal aufwärts, und bald erhebt sich mit dem jäh aus dem Talboden aufsteigenden Kalkstock des 2351 Meter hohen Grimming der südliche Eckpfeiler des Salzkammerguts. Zu seinen Füßen breitet sich die Sommerfrische Pürgg-Trautenfels aus, unsere Eingangspforte ins Salzkammergut, wo wir das Ennstal verlassen. »Steirisches Kripperl« wird Pürgg genannt, weil sich die Häuser des alten Orts-

Strecke:
Liezen – Pürgg-Trautenfels – Bad Mitterndorf – Abstecher zur Tauplitzalm – Bad Aussee – Abstecher zur Loser Panoramastraße und zum Grundlsee – Koppenpaß – Obertraun – Hallstatt – Gosauzwang – Abstecher zu den Gosauseen – Bad Goisern – Bad Ischl – Strobl – St. Gilgen – Salzburg

Streckenlänge:
134 km

Paßöffnungszeiten:
Die Paßstraßen sind ganzjährig befahrbar. Die Auffahrt zur Loser Panoramastraße ist mautpflichtig; Mautgebühr 30 öS (ca. 5 DM) pro Person.

Karte:
Generalkarte 1 : 200 000, Österreich, Blatt 4.

Das Städtchen Hallstatt, malerisch am Westufer des gleichnamigen Sees gelegen, steht für eine ganze Kulturepoche. 800 bis 400 v. Chr. vollzog sich hier der Übergang von der Bronze- in die frühe Eisenzeit.

3. Abschnitt

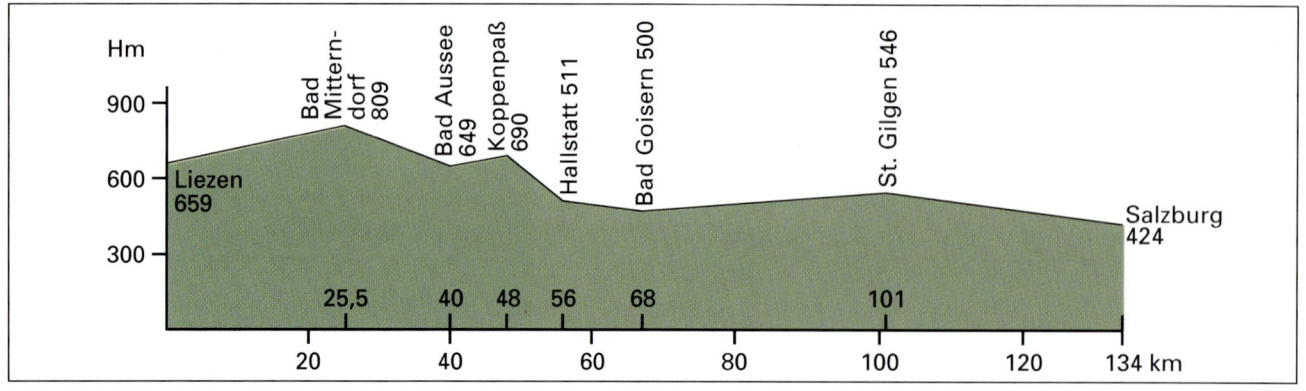

Die auf einem Hügel hoch über dem Ennstal gelegene Wallfahrtskirche Frauenberg. Ihre Gründung soll auf eine im Jahre 1404 von der Enns angeschwemmte Marienstatue zurückgehen.

kerns wie eine geschnitzte Weihnachtskrippe um die wehrhaft aussehende Pfarrkiche St. Georg drängen. Tatsächlich gilt der Ort als die älteste geschlossene Siedlung des steirischen Salzkammerguts, deren Ursprung bis auf das 11. Jahrhundert nachweislich ist.

Wir folgen der Straße, die uns durch ein bewaldetes Hochtal nach Bad Mitterndorf führt, und haben hier erstmals Gelegenheit, einen Abstecher in die höher gelegenen Bergregionen zu unternehmen. Eine 10 Kilometer lange Mautstraße endet auf einem Hochplateau in 1600 Metern Höhe bei der Ortschaft Tauplitzalm, die sich aus einem bescheidenen Gassengruppendorf zu einem modernen Urlaubsort entwickelt hat. Eine Sesselbahn bringt uns in 8 Minuten auf den 1961 Meter hohen Lawinenstein, einen Aussichtspunkt am Rande des Toten Gebirges, das seinen Namen erhalten hat, weil dort kein Salz gefunden wurde und das Gestein somit als »tump« oder »tot« galt.

ber findet hier jedes Jahr eine Oldtimer-Zuverlässigkeitsfahrt statt, bei der nostalgische Autos und Motorräder mehr oder weniger schnell, meist aber unter beträchtlichem Geknatter und Rauchentwicklung die 15 Kehren in Angriff nehmen. Während die Motorräder recht gut durchkommen, müssen die vierrädrigen Kollegen des öfteren auf die Wasserbehälter zurückgreifen, die vorsorglich zum Schutz vor Überhitzung und zur

Wer das Geld für die Auffahrt sparen will, hat wenig später eine andere Gelegenheit, es auszugeben. In Bad Aussee führt eine Nebenstraße nach Altaussee, einem nebel- und föhnfreien Kurort am gleichnamigen See, wo die 9 Kilometer lange, mautpflichtige Panoramastraße auf den Loser ihren Ausgang nimmt. Bei der Anlage der Kurven und Kehren scheint man Rücksicht auf die Belange der Motorradfahrer genommen zu haben, denn sie vermittelt sehr viel Fahrspaß. Im Septem-

Nachfüllung des Kühlsystems entlang der Strecke bereitgestellt werden.

Die Fahrer können ihren Kalorienverbrauch im Loser-Bergrestaurant auffrischen und bekommen eine prächtige Aussicht gratis dazu, die neben den Firnfeldern des Hohen Dachsteins fast das halbe Salzkammergut umfaßt.

Beachtenswert ist auch der Luftraum über uns, der an schönen Tagen von den bunten Stoffsegeln der Drachenflieger und Gleit-

Über dem traumhaft ruhigen Wasserspiegel des Gosausees fällt der Blick auf die Schneefelder des Dachsteinmassivs.

Auch bei dieser Oldtimer-Zuverlässigkeitsfahrt über die Loser-Panoramastraße bildet der Hohe Dachstein die Kulisse.

schirmpiloten geradezu übersät ist. Wer den Startplatz der Drachenflieger – eine schmale Holzrampe, die nach wenigen Metern buchstäblich im Nichts endet – gesehen hat, der wird sich ein Umsteigen auf diese Sportart wohl zweimal überlegen. Immer wieder kommt es auch vor, daß einige dieser tollkühnen Piloten den Landeplatz am sicheren Ufer des blauschimmernden Altausseer Sees unter uns nicht erreichen und wohl oder übel notwassern müssen. Dem Vernehmen nach sollen diese spektakulär aussehenden Aktionen bislang jedoch immer ohne nennenswerte Schäden ausgegangen sein.

Zurück in Bad Aussee, machen wir vielleicht noch einen Abstecher zum Grundlsee, dem größten See der Steiermark, der, von Wiesen, Hochwäldern und Felswänden umrahmt, das Bild einer idyllischen Alpenlandschaft darbietet. Dunkel und düster ist dagegen der mit dem Grundlsee durch einen Bach verbundene Toplitzsee, auf dessen 120 Meter tiefem Grund Ende des Zweiten Weltkriegs versenkte Schätze vermutet werden.

Dann haben wir zwei Möglichkeiten für die Weiterfahrt. Einige werden sicher den Weg über die Pötschenhöhe wählen, eine gut ausgebaute Verkehrsverbindung, fast einer Rennstrecke gleichend, dafür landschaftlich weitgehend reizlos. Schöner ist das schmale, waldreiche, beinahe romantische Sträßchen über den Koppenpaß hinunter zum Westufer des Hallstätter Sees.

Hinter Obertraun, in einem weiten Becken, das von der Traun entwässert wird, liegt die Koppenbrüller Höhle, die von der gleichnamigen Bahnhaltestelle oder dem Gasthaus »Koppenrast« bequem in 10 Minuten zu erreichen ist. Ein Naturschauspiel mit kunstvollen Tropfsteinen und vielfältigen Sinterbildungen, die ihren Namen von einem schäumenden Quellbach hat, der während der Schneeschmelze und nach ergiebigen Regenfällen unter lautem »Brüllen« entspringt.

In Hallstatt können wir unsere Geschichtskenntnisse auffrischen, steht der Name doch für eine ganze Kulturepoche. Funde aus geschmiedetem Eisen beweisen, daß sich hier im Zeitabschnitt von 800 bis 400 v. Chr. der Übergang von der Bronzezeit in die frühe Eisenzeit vollzog, von der der Name »Hallstattzeit« abgeleitet wurde. Im ersten Stock des an der Seestraße gelegenen Hauses Nr. 56, in dem auch das Fremdenverkehrsamt untergebracht ist, sind im Prähistorischen Museum Originalfunde aus dieser Zeit ausgestellt. Der Weltreisende und Forscher Alexander von Humboldt soll das Salzstädtchen als den schönsten Seeort der Welt bezeichnet haben. Und wenn im Ortskern auch fast jedes Haus unter Denkmalschutz gestellt wurde, kann man sich ein endgültiges Urteil darüber erst erlauben, wenn man mit einem Ruder- oder

31

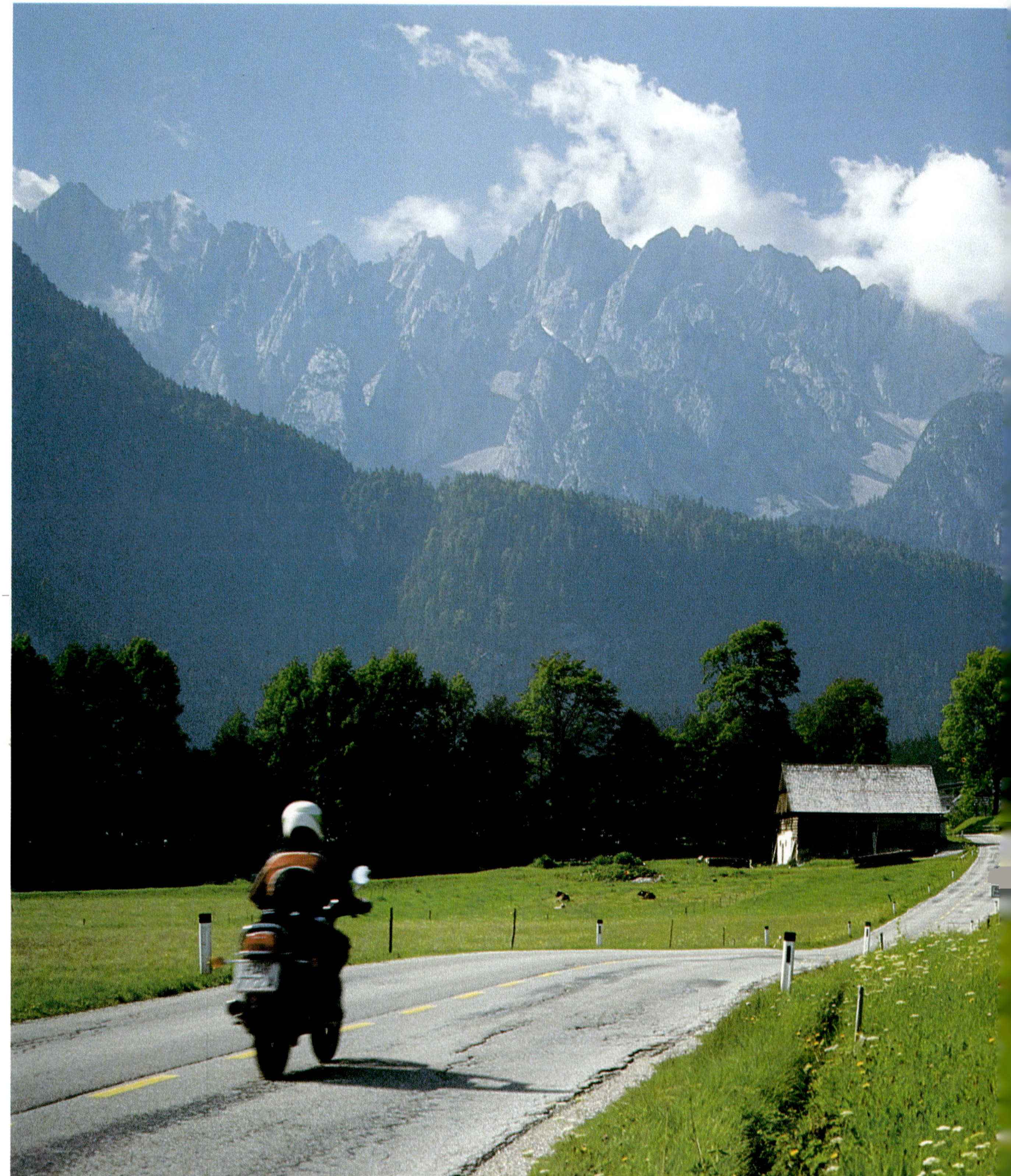

Elektroboot auf den See hinausgefahren ist und von dieser Perspektive auf die an steilwandiger Uferböschung über- und ineinandergeschachtelten Häuser geblickt hat.

Aber was hätte von Humboldt wohl zu den Gosauseen gesagt, den absoluten Schmuckstücken in der Bergwelt des Salzkammerguts, zu denen uns wieder ein Abstecher führt. Schier überwältigt ist man von dem einmaligen Bergpanorama, das sich beim Gasthaus »Gosausee« bietet und gesteigert wird, wenn sich die Felszinnen und gezackten Grate des Dachsteinstocks und des Gosaukamms in dem traumhaft ruhigen Gewässer vor uns spiegeln.

Irgendwann müssen wir weiter, fahren zurück zum Hallstätter See und durch ein langes, windgeschütztes Bergtal von Bad Goisern nach Bad Ischl, dem ältesten Seebad Österreichs. Breit und eben verläuft nun die Staatsstraße Nr. 158 entlang des Wolfgangsees, der vor allem durch die Erfolgsoperette »Im Weißen Rößl am Wolfgangsee« von Ralph Benatzky bekannt wurde. Etwas wärmer noch ist der von rauhen Winden weitgehend geschützte Fuschlsee, dessen Wassertemperatur in den Monaten Juli und August bis auf 22 °C ansteigt.

Langsam wechseln wir nun vom Salzkammergut ins Land Salzburg über und werden bald darauf vom Verkehr der Hauptstadt des gleichnamigen Bundeslandes verschluckt.

Den Abstecher zu den Gosauseen sollte man sich nicht entgehen lassen; allein schon wegen der markanten Felsmauer des Gosaukamms.

4. Abschnitt:
Über die höchste deutsche Alpenstraße

Salzburg – Zell am See

Strecke:
Salzburg – Anif – Marktschellenberg – Unterau – Roßfeld-Höhenringstraße – Berchtesgaden – Abstecher zum Königssee – Schwarzbachwacht-Sattel – Schneizlreuth – Steinpaß – Unken – Kniepaß – Lofer – Saalfelden – Zell am See

Streckenlänge:
131 km

Paßöffnungszeiten:
Die Paßstraßen sind ganzjährig befahrbar. Die Roßfeld-Höhenringstraße ist mautpflichtig; Mautgebühr 2 DM pro Person.

Karte:
Generalkarte 1:200 000, Österreich, Blatt 4.

Etwas Zeit für die Besichtigung der Landeshauptstadt Salzburg sollte man sich schon nehmen. Es ist eine wunderschöne Stadt, die sich an den Ufern der Salzach, in unmittelbarer Nähe der Grenze zur Bundesrepublik Deutschland, ausbreitet. Besonders die Altstadt ist interessant. Sie hat sich ihren Charakter aus dem 16. und 17. Jahrhundert noch weitgehend bewahrt und wird nicht von ungefähr auch das »Rom der Alpen« genannt. Auf dem Mönchsberg am linken Salzachufer liegt die Burg Hohensalzburg, eine mächtige, turmreiche Festung, die im Mittelalter als eine der größten Verteidigungsanlagen galt. Erzbischof Gebhard gründete sie während des Investurienstreits im Jahre 1077, aber ihr heutiges Aussehen erhielt sie vorwiegend im 15. und 16. Jahrhundert. Das Innere kann nur im Rahmen einer Führung besichtigt werden, die unter anderem die Folterkammer, einige Türme, den Wehrgang und den berühmten »Salzburger Stier«, eine Orgel aus dem Jahre 1502, zeigt.

Unterhalb der Burg hebt sich der Dom mit seiner hohen Zweiturmfassade aus der Altstadt ab. Er ist den Heiligen Rupert und Virgil geweiht und wurde nach einem Brand im Jahre 1598 zwischen 1614 und 1628 neu erbaut. 82 Meter hoch sind die zwei eleganten, frühbarocken Türme, die mit Bischofs- und Heiligenstatuen geschmückt und von einem Giebel gekrönt sind. Das dreischiffige Innere ist weitläufig, mit einem Querhaus und einer Vierungskuppel, und an den Wänden sowie am Altar sind Bilder der Italiener Arsenio Mascagni, Ignazio Solari und Francesco da Siena zu bewundern. Gleich neben dem Domplatz, der von schönen Gebäuden umrahmt wird, liegt der Residenzplatz. Dort steht auch der Residenzbrunnen aus dem Jahre 1661, der als größter Barockbrunnen des deutschen Sprachraums gilt.

Auf dem rechten Ufer, auf dem Kapuzinerberg, liegt das Kapuzinerkloster. Malerische Treppen führen von der Steingasse dort hinauf, wo sich auch noch Reste alter Befestigungsanlagen erhalten haben. Der bekannteste Platz ist der Marktplatz, der von der barocken, konkav geschwungenen Fassade der Dreifaltigkeitskirche beherrscht wird.

Nr. 8 bezeichnet das Wohnhaus des berühmtesten Sohnes der Stadt, Wolfgang Amadeus Mozart, der hier von 1773 bis 1787 lebte. Geboren wurde Mozart am 27. Januar 1756 ganz in der Nähe, in der Getreidegasse Nr. 9, der schönsten und belebtesten Straße der Stadt. Dort erinnert das Mozart-Geburtshaus-Museum an sein Leben und Werk, während man sich im Erdgeschoß in einem Delikatessenladen mit Mozartkugeln – grüner Marzipan, von Nougat und Schokolade umhüllt, eingewickelt in Stanniolpapier mit dem Bildnis des Komponisten – eindecken kann. Diese Köstlichkeit ist, wenn auch nicht billig, so doch erschwinglich – was man von Karten für die Salzburger Festspiele, die alljährlich an Ostern und im August stattfinden, nicht behaupten kann. Für den Durchschnittsverdiener sind sie fast nicht mehr zu bezahlen.

Genug der Kultur, hinauf auf die Maschine und hinaus aus der Stadt, wobei eine der schönsten und beliebtesten Motorradstrecken des Salzburger und Berchtesgadener Landes auf uns wartet: die Roßfeld-Höhenringstraße. Des Berchtesgadener Landes deshalb, weil wir nach wenigen Kilometern beim Zollamt Hangenderstein die Grenze nach Deutschland überqueren und im Landkreis Berchtesgaden sind, der sich hier wie ein Keil nach Österreich hineindrängt. An der Berchtesgadener Ache entlang rollen wir, vorbei an Marktschellenberg, auf der Bundesstraße 305 Richtung Berchtesgaden und sehen in Unterau die Hinweisschilder zur Roßfeld-Höhen-

Während im Frühjahr die umliegenden Berge noch tief verschneit sind, ist die Roßfeld-Höhenringstraße bereits schneefrei. Sie führt bis auf 1540 m hinauf und damit zum höchsten öffentlich anfahrbaren Punkt Deutschlands.

4. Abschnitt

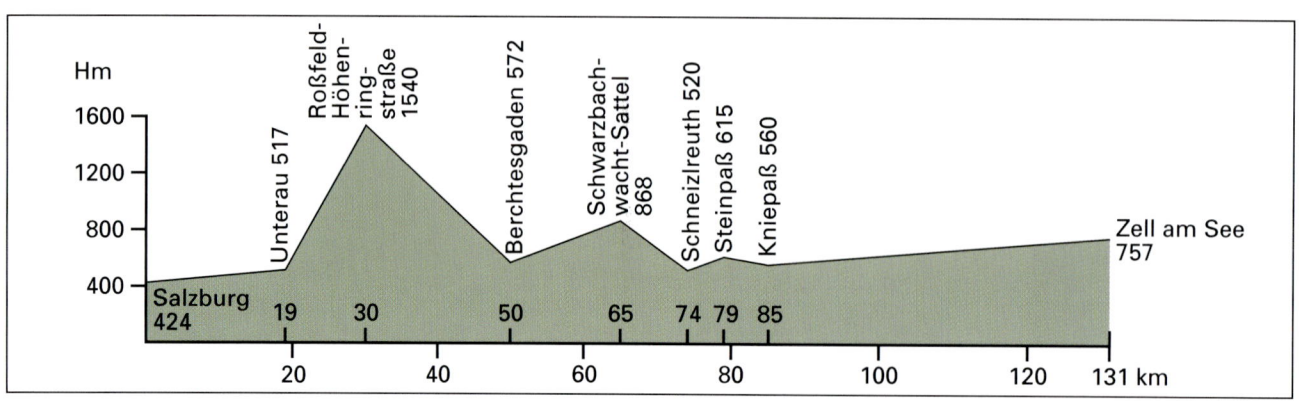

ringstraße. Wir folgen ihnen und fahren über einige Kehren durch dichten Wald nach oben, der bei den Häusern von Oberau zurückgeht, die zu den schönsten und sonnigsten Urlaubsquartieren im Berchtesgadener Raum gehören. Bei der Mautstelle Pechhäusl entrichten wir die Gebühr, die zur Erhaltung der Straße verwendet wird, dann geht es höher. Weit zurück im Nordwesten erkennen wir das breite Massiv des Untersberges, des nördlichsten Gebirgsstocks der Berchtesgadener Alpen, um den sich eine Reihe von Sagen und Märchen ranken.

Die bekannteste Sage ist sicherlich die von Kaiser Karl, der im Inneren des Berges in einer mächtigen Halle mit Wänden aus blankem Marmor auf seinem Thron schlafen soll. Sein mächtiger weißer Bart ist bereits zweimal um den vor ihm stehenden Tisch gewachsen. Wenn er ein drittes Mal herumgewachsen ist (oder, einer anderen Version zufolge, die Raben nicht mehr um das Geiereck, einen Gipfel dieser Bergkette, kreisen), wird der alte Kaiser erwachen und in einer dreitägigen Schlacht, der größten, die es je gab, seine Feinde vernichten.

Mit dem Berchtesgadener Land berührt unsere Alpenreise Deutschland zwar nur auf einem kurzen, nichtsdestoweniger aber landschaftlich schönen Streckenabschnitt.

Einer anderen Sage nach soll einmal ein Brautpaar von Zwergen in den Untersberg entführt, dort bewirtet worden und dann eingeschlafen sein. Nach 100 Jahren erschien es plötzlich wieder in seinem Dorf, wo man feststellte, daß damals tatsächlich ein Brautpaar verschwunden war. – Bittere Realität ist hingegen, daß immer wieder Menschen von dem weitverzweigten Höhlensystem, den funkelnden Tropfsteingebilden und den geheimnisvollen unterirdischen Wasserläufen angezogen werden und sich dort ausweglos verirren.

Wir folgen der Straße, die uns an den Roßfeldalmen vorbei zur Scheitelstrecke bringt. Genaugenommen liegt die Straße hier eigentlich schon auf österreichischem Gebiet, da aber weder Grenzschilder noch -kontrollen vorhanden sind, zählt sie mit 1540 Metern zum höchsten öffentlich anfahrbaren Punkt Deutschlands. Tief unter uns liegt das Salzburger Becken mit seinen grünen Wiesen, silbrig glänzenden Flußläufen und winzig kleinen Häusern, während man bei guter Fernsicht weit im Osten die Schneefelder des Dachsteins blinken sehen kann. Bei der ganzjährig bewirtschafteten Ahornalm versperrt uns die Nordostwand des Hohen Göll den Weiterweg, und über eine Kehrengruppe geht es abwärts. Diese ist allerdings fahrerisch so schön und anspruchsvoll, daß man sie ruhig noch einmal in entgegengesetzter Richtung bewältigen sollte, bevor wir bei der Mautstelle Ofnerboden die Roßfeldstraße wieder verlassen.

Bevor wir endgültig in den Talboden nach Berchtesgaden hinunterfahren, können wir beim Parkplatz Salzburg einen Abstecher zum Kehlsteinhaus unternehmen. Die Straße ist jedoch für den Individualverkehr gesperrt, wir müssen also auf den Omnibus umsteigen. Schon während der Auffahrt ergeben sich immer wieder begeisternde Ausblicke auf den Königssee, zur Schönau, ins Steinerne Meer und auf die Felswände des Hohen Göll.

Das Kehlsteinhaus, nunmehr ein Restaurant, wird häufig als »Hitlers Teehaus« bezeichnet. Dies ist wohl eine phonetische Verwechslung, trug es ursprünglich doch die Bezeichnung »D-Haus« für »Diplomaten-Haus«. So schön sich das aus Granitquadern errichtete Gebäude auch in die Landschaft fügt, steht es doch für einen Mythos aus Wahn und Zerstörung, der auch vor dieser Berglandschaft nicht haltmachte.

Berchtesgaden lockt mit malerischen Winkeln und Gassen, deren alte Häuser mit Holzbalkonen, reichem Blumenschmuck und weit vorragenden Flachgiebeldächern oberbayerische Atmosphäre und Gemütlichkeit verbreiten. Etwas außerhalb der Stadt liegt das Salzbergwerk, das zu einer Fahrt in die Unterwelt verleitet. Dies beginnt mit der Einkleidung in die Bergmannstracht, dann bringen uns kleine Wägelchen auf einer Schmalspurbahn gut 500 Meter tief in das Stollensystem hinein zur riesigen Kaiser-Franz-Halle. Auf spiegelglatten, hölzernen Rutschen wird auf einem Sitzleder der tiefste Punkt des Bergwerks erreicht. Mit einer Fähre gleitet man zum Abschluß über einen tiefschwarz funkelnden Salzsee.

Ebenfalls etwas außerhalb des Orts liegt der Königssee, der berühmteste und sauberste aller Alpenseen. Kaum einer wird vom Blick auf das grüne, klare, bis zu 189 Meter tiefe Wasser, das sich gut 8 Kilometer weit zwischen den gewaltig aufsteigenden Felswänden des Watzmanns, des Hagengebirges und des Steinernen Meeres hineinschiebt, nicht fasziniert sein.

Schon von Berchtesgaden haben wir den mächtigen Bergstock des Watzmanns über bewaldete Bergkuppen aufsteigen sehen. Jetzt können wir uns mit einer Schiffahrt zur Halbinsel St. Bartholomä seiner berüchtigten, 1900 Meter hohen Ostwand nähern. Am 6. Juni 1881 wurde sie vom Forsthelfer Johann Grill, genannt Kederbacher, und dem Wiener Otto Schück erstmals bezwungen. Der Legende nach ist der Watzmann kein Berg, sondern ein wegen seiner Grausamkeit zu Stein erstarrter König samt seiner Familie, wie die Namen »Watzmannkinder«, »Kleiner Watzmann« und »Watzmannweibl« für einige Gipfel dieses Massivs andeuten.

Zurück an Land, rollen wir auf der Bundesstraße 305 bis Schneizlreuth, wo wir die in vielen Liedern besungene Schönheitskönigin vergeblich suchen werden, ist sie doch nur eine Erfindung des Volkssängers Ludwig Prell. Über den Steinpaß wechseln wir wieder nach Österreich und folgen der Straße, die uns ab Lofer mit beträchtlich zunehmendem Ausflugs- und Schwerlastverkehr nach Zell am See bringt.

Die Wallfahrtskirche Maria Gern zu Füßen des Untersberges ist eines der bekanntesten Gotteshäuser im Berchtesgadener Land.

5. Abschnitt:
Über die Großglockner-Hochalpenstraße

Zell am See – Lienz

Wenn wir Zell am See verlassen, deutet noch nichts darauf hin, daß wir erstmals auf unserer Reise ins Hochgebirge vorstoßen. Vor uns liegen die Hohen Tauern, ein stark vergletschertes Areal mit unzähligen Gipfeln unterhalb der 2000-Meter-Marke und einer stattlichen Anzahl von Dreitausendern, darunter der höchste Berg der österreichischen Alpen, der 3798 Meter hohe Großglockner. Mitten durch dieses Gebiet, das seiner Naturschönheiten wegen zum Nationalpark erklärt wurde, führt eine Straße, die ohne Übertreibung zu den kühnsten, schönsten und bekanntesten Panoramastraßen des Alpenraums gezählt werden kann: die Großglockner-Hochalpenstraße.

Wir folgen den überall gut sichtbar angebrachten grünen Hinweisschildern mit der Aufschrift »Großglockner-Hochalpenstraße« und queren auf der stark befahrenen Bundesstraße 311 den Pinzgau, wie das breite, brettebene Tal der Salzach hier genannt wird, und dessen Name wohl von den Binsen abgeleitet wird, die diese Flurniederungen einst bedeckten. Bald ist der Ferienort Bruck an der Glocknerstraße erreicht, und mit der Einfahrt in das Tal der Fuscher Ache beginnen wir die Auffahrt. Noch hält sich die Landschaft bedeckt, und auch die Straße verläuft kaum ansteigend am Boden des von Gletschern geformten Trogtals, dessen gleichmäßige Berghänge fast bis oben hin mit dunkelgrünen Wäldern bedeckt sind.

Mit Fusch wird der Hauptort des Tals durchfahren, unvermittelt steigt die Straße bei der Embachkapelle steil an, dann verengt sich das Tal zur Bärenschlucht, und meist unbemerkt wird der Höllbach überquert. Nicht von ungefähr hat dieser seinen Namen, denn so unscheinbar das Bächlein an den meisten Tagen des Jahres durch den Bergwald herabplätschert, schwillt es nach starken Regenfällen und Gewittern an und schickt nicht selten gewaltige Muren ins Tal, die schwere Schäden an der Straße anrichten können und eine nicht unbeträchtliche Gefahr für die Verkehrsteilnehmer darstellen.

Bei der Häusergruppe von Ferleiten haben wir diesen gefährlichen Abschnitt hinter und ein prächtiges Hochgebirgspanorama vor uns. An der Mautstelle entrichten wir die Gebühr, dann geht es hinein in eine Arena aus Almmatten, Bergwäldern, Fels und Gletschern, deren markanteste Erhebungen das 3564 Meter hohe Große Wiesbachhorn im Westen und die vergletscherte Nordwand des 3331 Meter hohen Fuscherkarkopfs im Vorblick sind. Nicht selten hüllen sich diese und die umgebenden Bergspitzen in dichte Wolken, denn klimatisch besonders begünstigt ist dieser Teil des Alpenhauptkamms nicht gerade. An 250 Tagen im Jahr gibt es Niederschläge, in den oberen Regionen meist in Schnee übergehend, und an fast 100 Tagen im Jahr weht stürmischer Wind, der manchmal Spitzenböen bis 150 km/h erreicht. Auf der Scheitelstrecke liegt die mittlere Jahrestemperatur nur um – 3 °C und entspricht damit bereits grönländischen oder sibirischen Wetterverhältnissen.

Hoffen wir also auf gutes Wetter, wenn wir am Schleierwasserfall vorbei bei der Piffalpe die erste Kehrengruppe in Angriff nehmen, beim Parkplatz Hochmais die letzten sturm- und windgebeugten Wetterlärchen hinter uns lassen und in das Felssturzgebiet der Hexenküche einfahren. Wer diesen bei Wind, Nieselregen und dahinjagenden Nebelfetzen fast gespenstisch wirkenden Abschnitt erlebt hat, kann sich den Namen durchaus erklären. Letztlich verständlich wird er, wenn man weiß, daß hier bei Bauarbeiten im Jahre 1977 Häftlingsketten aus dem 17. Jahrhundert gefunden wurden, mit denen die Männer an

---

Strecke:
Zell am See – Bruck an der Glocknerstraße – Großglockner-Hochalpenstraße – Abstecher zur Edelweißspitze und zur Franz-Josephs-Höhe – Heiligenblut – Winklern – Iselsbergpaß – Lienz

Streckenlänge:
91 km

Paßöffnungszeiten:
Die Großglockner-Hochalpenstraße ist nur vom 1. 5. bis 1. 11. befahrbar. Die Auffahrt zur Edelweißspitze und zur Franz-Josephs-Höhe ist nur vom 15. 5. bis 1. 11. möglich. Die Befahrung der Großglockner-Hochalpenstraße ist mautpflichtig; Mautgebühr 220 öS oder 35 DM.

Karte:
Generalkarte 1 : 200 000, Österreich, Blatt 6.

Im Felssturzgebiet der »Hexenküche« bei der Auffahrt über die Nordseite der Großglockner-Hochalpenstraße.

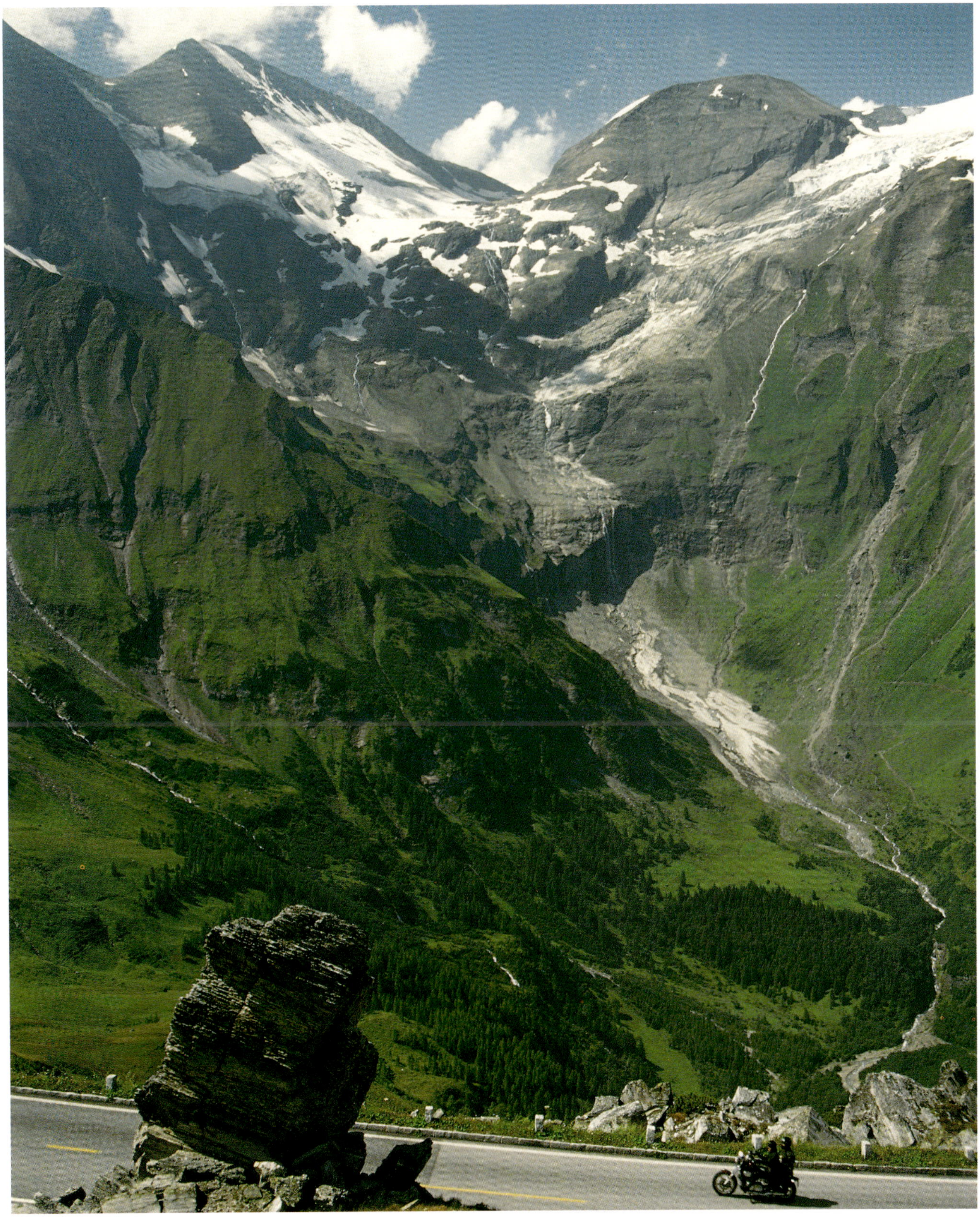

5. Abschnitt

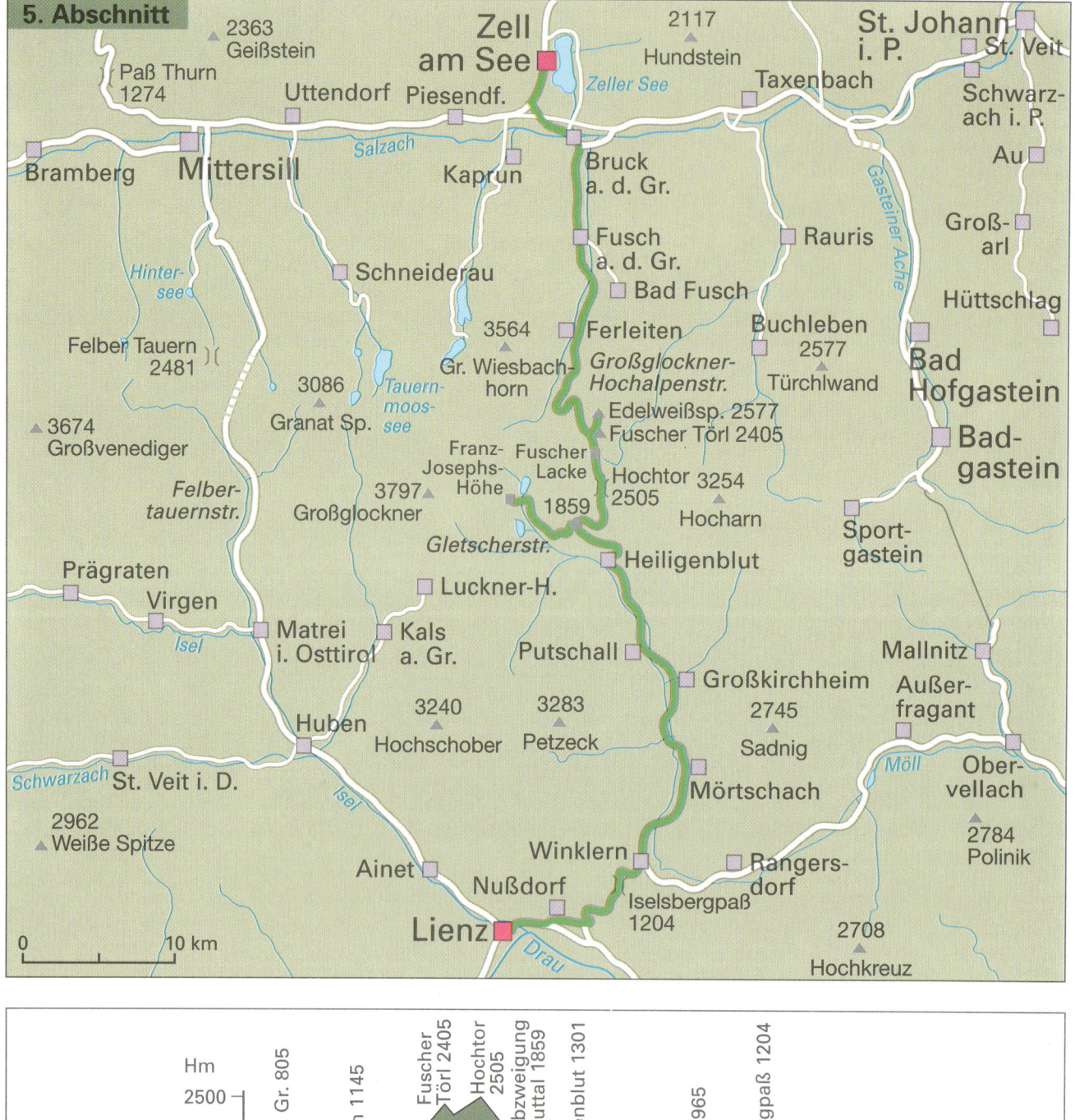

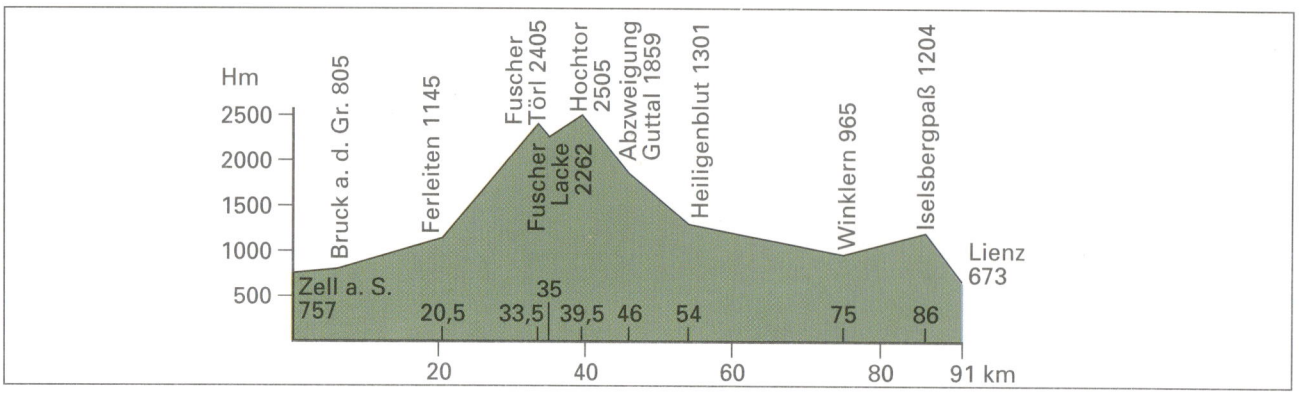

Links im Hintergrund, von Wolken umhüllt, zeigt sich die Spitze des Großglockners, mit 3798 m Österreichs höchster Berg. Der Fahrer befindet sich am Fuscher Törl immerhin in 2405 m Höhe. Auch wenn die Wetterverhältnisse günstig sind, ist die Bekleidung von Fahrer und Beifahrer – ohne Handschuhe, Kombi und Stiefel – dennoch leichtsinnig.

Halseisen aneinandergekettet über das Hochtor als Galeerensträflinge nach Venedig getrieben wurden.

Wir dagegen können als freie Menschen die letzte Kehrengruppe beim Oberen Naßfeld angehen und uns dann entscheiden, ob wir die etwa 1,6 Kilometer lange Stichstraße zur Edelweißspitze noch mitnehmen. Zu empfehlen ist dies auf jeden Fall, denn mit 2577 Metern ist es der höchste Punkt der Glocknerstraße und zugleich der schönste Aussichtsplatz mit Blick auf mehr als 30 Dreitausender, darunter auch den Großglockner, dessen Spitze erstmals über dem Fuscherkarkopf sichtbar wird.

Wieder zurück an der Abzweigung, ist es nur noch ein kurzer Dreh am Gasgriff bis zum Fuschertörl, wo die Straße in einer Schleife die kegelförmige Spitze des Törlkopfs umrundet. Die steinerne Gedenkstätte wurde zu Ehren der Männer errichtet, die beim Bau der Straße ums Leben kamen. Mehr als 3000 Arbeiter wurden eingesetzt, die zwischen 1930 und 1935 in einer durch die Witterung bedingten effektiven Bauzeit von nur 28 Monaten dieses Werk vollendeten und als »Glockner-Baraber« in die Geschichte der Glocknerstraße und des alpinen Straßenbaus eingingen.

Eine kurze Abfahrt hinunter zur Fuscherlacke, dann geht es wieder aufwärts und durch den 117 Meter langen Mittertörltunnel hinein in die öde, unwirtliche Geröllregion zu Füßen des Brennkogels. »Elendboden« nennt der Volksmund diesen Abschnitt, in Erinnerung an eine Pilgergruppe, die sich hier im Jahre 1683 im Schneesturm verirrte und über eine Felswand ins Beinkar abstürzte. Das folgende Schild mit der Aufschrift »Knappenstube« deutet auf verfallene Stollen und Abraumhalden neben der Straße hin – letzte Spuren mittelalterlichen Goldbergbaus. Dann tauchen wir in den 311 Meter langen Hochtortunnel ein, der nicht nur die Landesgrenze zwischen Salzburg und Kärnten darstellt, sondern mit 2503 Metern auch den Scheitelpunkt der Hochalpenstraße bildet.

»IN TE DOMINE SPERAVI« (Auf dich, oh Herr, habe ich gehofft) ist über den beiden Tunnelportalen in den Fels gemeißelt. Diese Aufschrift trug eine Münze aus der Zeit Maria Theresias, die bei Bauarbeiten am nördlichen Tunneleingang gefunden wurde. Vom Hochmittelalter bis ins 17. Jahrhundert bestand hier ein wichtiger Handelsweg mit einem bis zu 4 Meter breiten Fahrweg, auf dem Salz, Edelmetall, Holzwaren und Pelze von Deutschland nach Venedig und im Gegenzug Seide, Gewürze, Südfrüchte und Wein transportiert wurden. Auch der Fund einer kleinen Bronzestatue aus dem 1. Jahrhundert n. Chr. beweist, daß bereits die Römer vor fast 2000 Jahren ebenfalls diesen Übergang benutzten.

Vorbei am Wallackhaus – benannt nach dem Erbauer der Großglockner-Hochalpenstraße, dem österreichischen Diplomingenieur Franz Wallack – geht es erst einmal lange abwärts, dann liegt der schönste Teil der Strecke vor uns. An der Kreuzung Guttal zweigt die Gletscherstraße zur Franz-Josephs-Höhe am Fuße des Großglockners ab. Schon bald gibt sie den Blick auf die mit ewigem Schnee bedeckten Urgesteinszacken der Glocknergruppe frei, aber nochmals heißt es sich beim Glocknerhaus gedulden. Nicht selten ist der Andrang hier so groß, daß man erst nach oben gelassen wird, wenn Rückreisende dort Parkplätze freigemacht haben. Dann aber ist man schier geblendet von der weißen Pracht der Gletscher und Schneefelder, welche die Bergriesen umgeben.

Wenn sie auch zum Greifen nahe scheint, gut 5 Kilometer ist die Spitze des Großglockners doch noch von uns entfernt, und es bedürfte neben ausgezeichneter Bergerfahrung, Hochgebirgsausrüstung und guter Kondition einen ganzen Tag, um sie zu erreichen. Einfacher ist es, mit dem 274 Meter langen Schrägaufzug auf den Gletscherboden der Pasterze hinunterzufahren – mit 10 Kilometern Länge immerhin der größte Gletscher der Ostalpen. Den abgesperrten Bereich sollte man dort aber nicht verlassen, ist das Eis doch bis zu 100 Meter tief und von zahllosen Spalten durchzogen.

Wir müssen unsere Fahrt schließlich noch über die Südrampe fortsetzen, wo wir uns in Heiligenblut mit einem letzten Blick auf den Großglockner, zu dem der schlanke Kirchturm der Pfarrkirche ein postkartenreifes Motiv bildet, verabschieden.

Genügend Rastplätze entlang der Großglockner-Hochalpenstraße laden immer wieder zu einem Halt ein. Wem gilt hier die Aufmerksamkeit? Der vorbeifahrenden Maschine oder der Bergkette des Großen Wiesbachhorns?

Während sich bereits dunkle Wolken über der Spitze des Großglockners zusammenbrauen, genießen die beiden mit dem Blick auf Heiligenblut eines der schönsten Panoramen entlang der gesamten Großglockner-Hochalpenstraße.

6. Abschnitt: Von Osttirol nach Südtirol

Lienz – Schluderbach

Strecke:
Lienz – Huben – Stallersattel – Olang – Abstecher zum Pragser Wildsee und zur Plätzwiese – Niederdorf – Toblach – Schluderbach

Streckenlänge:
107 km

Paßöffnungszeiten:
Der Stallersattel ist nur vom 1. 6. bis 31. 10. befahrbar. Der Grenzübergang auf der Paßhöhe ist nur zwischen 6 und 20 Uhr geöffnet. Die Auffahrt zur Plätzwiese ist nur zwischen 1. 6. und 30. 9. möglich. Mautgebühren werden nicht erhoben.

Karte:
Generalkarte 1 : 200 000, Österreich, Blatt 6 und Blatt Südtirol.

Lienz, die Bezirkshauptstadt von Osttirol, liegt in einem weiten Becken an der Einmündung der wasserreichen Isel in die kleinere Drau, die aber, aus dem Haupttal kommend, ihren Namen beibehält. Südlich des Talbodens erheben sich die Lienzer Dolomiten, kühn aufragende, schroffe Berggestalten mit zerrissenen Türmen und Graten, die den bizarren Felswänden der Südtiroler Dolomiten sehr ähnlich sind, geologisch aber nicht zu diesen, sondern zu den Gailtaler Alpen zählen. Noch um die Jahrhundertwende wurden sie im Volksmund »Unholde« genannt, da sie bei Unwettern verheerende Gesteinslawinen talwärts sandten. Die Ortschaft Oberlienz, etwas oberhalb der Stadt, liegt auf einem mächtigen Schuttkegel, der vor langer Zeit niederging. Heute sind solche Gefahren nicht mehr zu befürchten, und die Berge rings um Lienz bilden ein Eldorado für Kletterer, Wanderer und Skifahrer. Die mehr als 1500 Meter hohe Nordwand des 2680 Meter aufragenden Hochstadel, dem östlichen Eckpfeiler des Gebirges, ist die zweithöchste Wand der Kalkalpen nach der 1900 Meter hohen Watzmann-Ostwand.

Lienz ist auch ein wichtiger Verkehrsknotenpunkt, von dem strahlenförmig vier Hauptverkehrslinien ausgehen. Den Weg über den Iselsberg durch das Mölltal zum Großglockner kennen wir von der Anfahrt her, nach Südosten ins Oberdrautal wollen wir nicht, bleiben noch die Wege durch das Pustertal nach Südtirol und nach Nordwesten durch das Iseltal zum Felbertauern. Wir ziehen den Weg durch das Iseltal der zwar kürzeren, landschaftlich aber wenig reizvollen und vor allem sehr stark befahrenen Straße durch das Pustertal vor. Am Ortsende können wir Schloß Bruck einen Besuch abstatten, dessen wehrhafte Mauern aus dem Wald neben der Straße aufragen. Dann geht es an der Isel aufwärts, aber nur bis Huben, wo wir unsere Auffahrt zum Stallersattel, der uns ebenfalls nach Südtirol bringen wird, beginnen.

Wir fahren ins Defereggental ein, das die Villgratner Berge, auch Deferegger Berge genannt, von der Lasörlinggruppe trennt. Wie so oft, verdanken wir die gute Straße in diese auch heute noch ziemlich abgeschiedene und einsame Bergregion dem Ausbau von Skigebieten um St. Jakob und auf der Paßhöhe. Trotzdem sind Tal und Orte noch relativ wenig überlaufen und ursprünglich geblieben; der Besucherandrang hält sich in Grenzen, da große Gletscher fehlen und die Höhe der Gipfel meist die nicht allzusehr gewürdigten 2700 bis 3000 Meter haben. Um so schöner ist das Fahren auf der ruhigen Straße, hin und wieder durch kleine Ortschaften mit alten Holzhäusern, die oft an extreme Steilwände gebaut und bis zu fünf Stockwerke hoch sind. Eilig müssen wir es nicht haben, die Straße ist bis zum Skigebiet auf der Paßhöhe zwar ganzjährig befahrbar, die folgende Abfahrt aber nur ab jeder vollen Stunde 15 Mi-

Hinweistafel auf die zeitliche Beschränkung bei der Abfahrt über die Westseite des Staller Sattels. Ein schmaler, nur knapp 3 m breiter Kehrenabschnitt auf der italienischen Seite macht dies notwendig.

46

Der Staller Sattel ist ein hochalpiner Übergang von Österreich nach Italien, der von Juni bis Oktober nur wenige Monate im Jahr geöffnet ist.

nuten lang möglich. Wir werden uns im Regelfall also oben an der Grenze auf eine Wartezeit einstellen müssen.

Verkürzt wird uns diese durch eine herrliche, fast unverbaute Landschaft, auf der im Sommer Abertausende von blauen und dunkelroten Akeleien blühen, und einem kleinen See, den Obersee, der als Badesee aber nur sehr abgehärteten Personen empfohlen werden kann. Wenn sich die Grenze dann für die Weiterfahrt öffnet, wird der Grund der Wartezeit klar. Über vier enge Kehren überwindet die nur 3 Meter schmale Straße einen steilen Felshang, der so wenig Platz läßt, daß für entgegenkommende Fahrzeuge kein Raum mehr vorhanden wäre. Meist fährt man in einer mehr oder weniger großen Kolonne, die sich an der Grenze angesammelt hat, und muß in den engen Kehren dementsprechend vorsichtig sein, so daß wenig Zeit für den Blick auf die Umgebung bleibt. Die allerdings ist mit den verwitterten Urgesteinsblöcken um den Hochgall, dessen Normalanstieg dem Bergsteiger bereits einiges abfordert, und dem dunkelblauen Antholzer See, der zu seinen Füßen aufleuchtet, vom Feinsten. Am Antholzer See treffen wir auf die Schlange der auf die Auffahrt wartenden Fahrzeuge und sind bald

6. Abschnitt

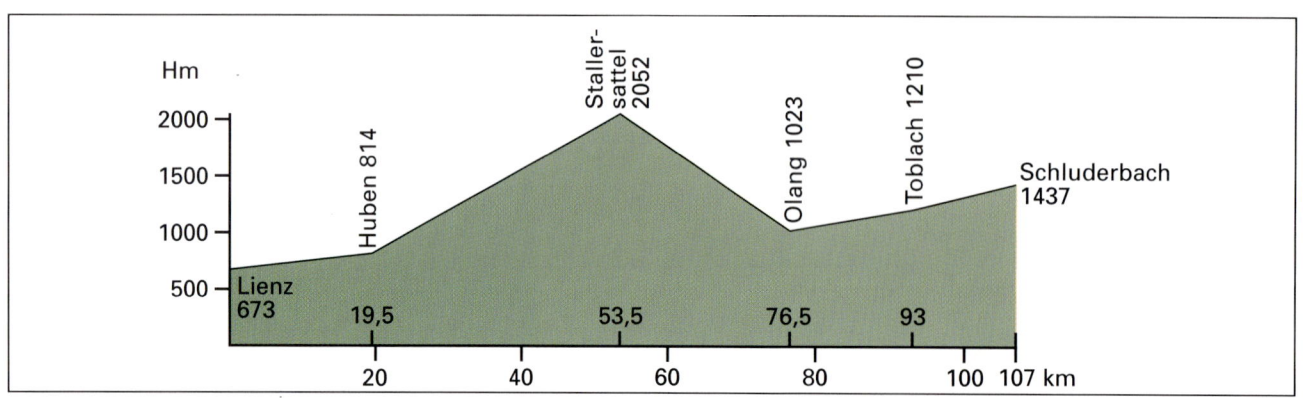

darauf in freundlichen, grünen Wiesenregionen, die sich nur gemächlich ins Pustertal absenken. Bei Olang haben wir den Talboden erreicht und ordnen uns in den Verkehrsstrom ein, der das Pustertal abwärts zieht.

Obwohl unser Ziel nicht mehr weit entfernt ist, stehen noch zwei bedeutsame Abstecher auf dem Programm: zum Pragser Wildsee und zur Plätzwiese. Noch deutet aber nichts auf die bevorstehenden Landschaftserlebnisse hin, wenn wir die Staatsstraße zwischen Welsberg und Niederdorf über eine unscheinbare Abzweigung durch eine kleine Eisenbahn-Unterführung hindurch verlassen. Bei der Häusergruppe von »In der Sag« gabelt sich die Straße, und wir folgen zuerst der Beschilderung zum Pragser Wildsee. Der Endpunkt der Trasse ist rasch erreicht, doch noch verstellen uns dichter Wald und vor allem ein aus riesigen grauen Quadersteinen errichteter Hotelbau die Sicht. Wir parken unsere Maschinen, gehen einige Schritte, dann liegt der

Den schönsten Blick auf den dunkelblauen Wasserspiegel des Antholzer Sees hat man kurz unterhalb der Staller-Sattel-Paßhöhe.

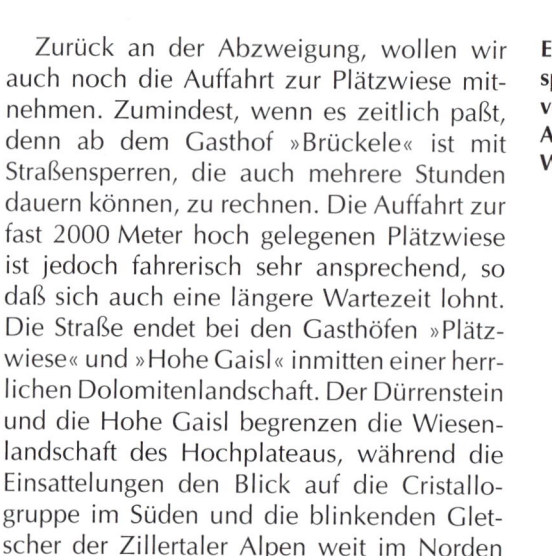

Ein Blickfang ist das spätgotische Kirchlein von St. Veit bei der Auffahrt zum Pragser Wildsee.

See, dessen Farbenspiel zwischen Dunkelblau und Grün wechselt, vor uns.

Vor allem die wuchtige Steilwand des Seekofels ist es, die dem See seine fast dramatische Schönheit verleiht. Den Zufluß bildet ein kleiner Wasserfall, der von den Hängen des Roßkofels herabsprudelt, die größere Wassermenge erhält er aber über unterirdische Quellen des Finsterbachs. Auch der Pragser Bach verläßt den See unterirdisch und tritt erst gut 1/2 Kilometer später zutage. 35 Meter mißt seine tiefste Stelle, und im Hochsommer lädt er auch zum Baden ein. In einer guten Stunde kann man ihn auf Spazierwegen umrunden und nach Dolasilla Ausschau halten. Der Sage nach soll die alte Königin der Fanes mit ihrer Tochter Dolasilla den See an stillen Herbsttagen befahren. Sie wartet dann auf den Ruf der silbernen Trompeten, die das längst vergangene Fanesreich wieder auferstehen lassen sollen.

Zurück an der Abzweigung, wollen wir auch noch die Auffahrt zur Plätzwiese mitnehmen. Zumindest, wenn es zeitlich paßt, denn ab dem Gasthof »Brückele« ist mit Straßensperren, die auch mehrere Stunden dauern können, zu rechnen. Die Auffahrt zur fast 2000 Meter hoch gelegenen Plätzwiese ist jedoch fahrerisch sehr ansprechend, so daß sich auch eine längere Wartezeit lohnt. Die Straße endet bei den Gasthöfen »Plätzwiese« und »Hohe Gaisl« inmitten einer herrlichen Dolomitenlandschaft. Der Dürrenstein und die Hohe Gaisl begrenzen die Wiesenlandschaft des Hochplateaus, während die Einsattelungen den Blick auf die Cristallogruppe im Süden und die blinkenden Gletscher der Zillertaler Alpen weit im Norden zulassen.

Nur schwer mag man sich von dieser Umgebung trennen, aber da uns eine Weiterfahrt über die Südseite hinunter nach Schluderbach leider verwehrt bleibt, müssen wir wieder auf der Auffahrtsstrecke zurück und den Umweg über Toblach in Kauf nehmen. Toblach, das italienische Dobbiaco (1210 m), ist nicht nur der höchste Punkt des Pustertals, sondern auch die Wasserscheide zwischen dem Adriatischen und dem Schwarzen Meer. Eine Tatsache, die man sich angesichts der völlig flach wirkenden, wald- und wiesenreichen Umgebung gar nicht vorzustellen vermag. Für uns ist Toblach das Eintrittstor in die Dolomiten, wenn wir von hier in das Höhlensteintal Richtung Cortina d'Ampezzo abbiegen. Dunkel und düster drängen sich die Felswände der Pragser Dolomiten zur Rechten und der Sextener Dolomiten zur Linken an die Straße, die nur selten von der Sonne ausgeleuchtet wird.

Wir sollten uns langsam um eine Unterkunft umsehen, denn die beiden Hotels in Schluderbach sind meist belegt. Ein Problem dürfte die Unterbringung hier nicht sein, denn die Straße war bereits früher ein vielbegangener Handelsweg und ist auch heute noch stark frequentiert. Der Zeltplatz am Toblacher See mit Restaurant und Hotel bietet sich an, das neu gebaute Hotel »Drei-Zinnen-Blick« ist ebenfalls recht einladend oder das Hotel am Dürrensee, in dem sich bereits die zerklüfteten Spitzen der Cristallogruppe spiegeln.

Die zerklüfteten Spitzen der Cristallogruppe, von der Einfahrt ins Höhlensteintal aus gesehen, sind für uns gleichsam das Eintrittstor in die Bergwelt der Dolomiten.

7. Abschnitt:
In den Dolomiten

Schluderbach – Canazei

Strecke:
Schluderbach – Sant'-Angelo-Paß – Misurina – Abstecher zur Drei-Zinnen-Bergstraße – Tre-Croci-Paß – Cortina d'Ampezzo – Falzáregopaß – Abstecher zum Valparolapaß – Buchenstein – Arabba – Pordoijoch – Canazei

Streckenlänge:
78 km

Paßöffnungszeiten:
Die Drei-Zinnen-Bergstraße ist nur vom 1. 6. bis 30. 9. befahrbar. Die Auffahrt ist mautpflichtig; Mautgebühr 8000 L (ca. 9 DM).

Karte:
Generalkarte 1 : 200 000, Blatt Südtirol.

Eigentlich war alles, was wir im Verlauf unserer bisherigen Reise erlebt und gesehen haben, nur ein Vorspiel, gleichermaßen eine Einstimmung auf diesen Abschnitt. Dort, wo sich die Dolomiten aufbauen, lag im geologischen Erdaltertum ein Meer, auf dessen Boden sich Kalke, Gipse, Dolomit, Ton, Mergel und verschiedene Sande ablagerten, die im Laufe der Jahrmillionen zu festen Schichten zusammengepreßt wurden. Ablagerungen von Korallen, Kalkabscheidungen von Tieren und Pflanzen sowie Skelette abgestorbener Tiere kamen hinzu und bildeten mächtige Riffe und Atolle, die bereits Vorläufer der heutigen Felsformationen waren. Vor etwa 70 Millionen Jahren drängte sich unter gewaltigem Druck der damalige Südkontinent gegen den Nordkontinent und begann, den Meeresgrund anzuheben. Später ging das Meer zurück, und zuerst Vulkane, dann die eiszeitlichen Gletscher und nun die Erosionskraft des Wetters in den verschiedenen Jahreszeiten formten diese Landschaft, die zu den faszinierendsten, vielfältigsten und bekanntesten des Alpenbogens zählt.

Der französische Mineraloge Déodat de Dolomieu nahm 1791 eine Probe des von ihm als Magnesium-Kalzium-Karbonat erkannten Gesteins und schickte diese an den Sohn des Naturforschers und Erstbesteigers des Montblanc, Horace-Bénédict de Saussure. Dolomieu bat ihn, das Gestein nach dem Namen seines Vaters als »Saussurit« zu benennen, aber der junge Geologieprofessor entschied sich für den Namen des Entdeckers Dolomieu. So fand das Gestein zuerst als »Dolomit« Eingang in die Fachliteratur und wurde später zum weltbekannten Begriff für die Dolomiten. Interessant ist in diesem Zusammenhang, daß Dolomieu seine Gesteinsprobe aber nicht in den Dolomiten, sondern an den Tribulaunen in den Stubaier Alpen entnommen hat.

Eingezwängt zwischen der Geierwand im Norden, dem Monte Piana im Osten und der Cristallogruppe im Süden, liegt die kleine Hotelsiedlung Schluderbach. Es ist kühl am Morgen, denn durch die hohen Berge ringsum dauert es recht lange, bis sich ein Sonnenstrahl hier herunter verirrt. An der Straßenteilung am Ortsanfang folgen wir der Beschilderung »Misurina«, dann schraubt sich die Straße durch das Valle Popena in engen Kehren,

Der kleine Lago di Antorno unterbricht die Auffahrt über die Drei-Zinnen-Bergstraße zum Rifugio Auronzo am Fuße der Drei Zinnen.

Wie eine trutzige Felsenburg schließt der Sellastock den unteren Teil der Westrampe des Pordoijochs ab.

7. Abschnitt

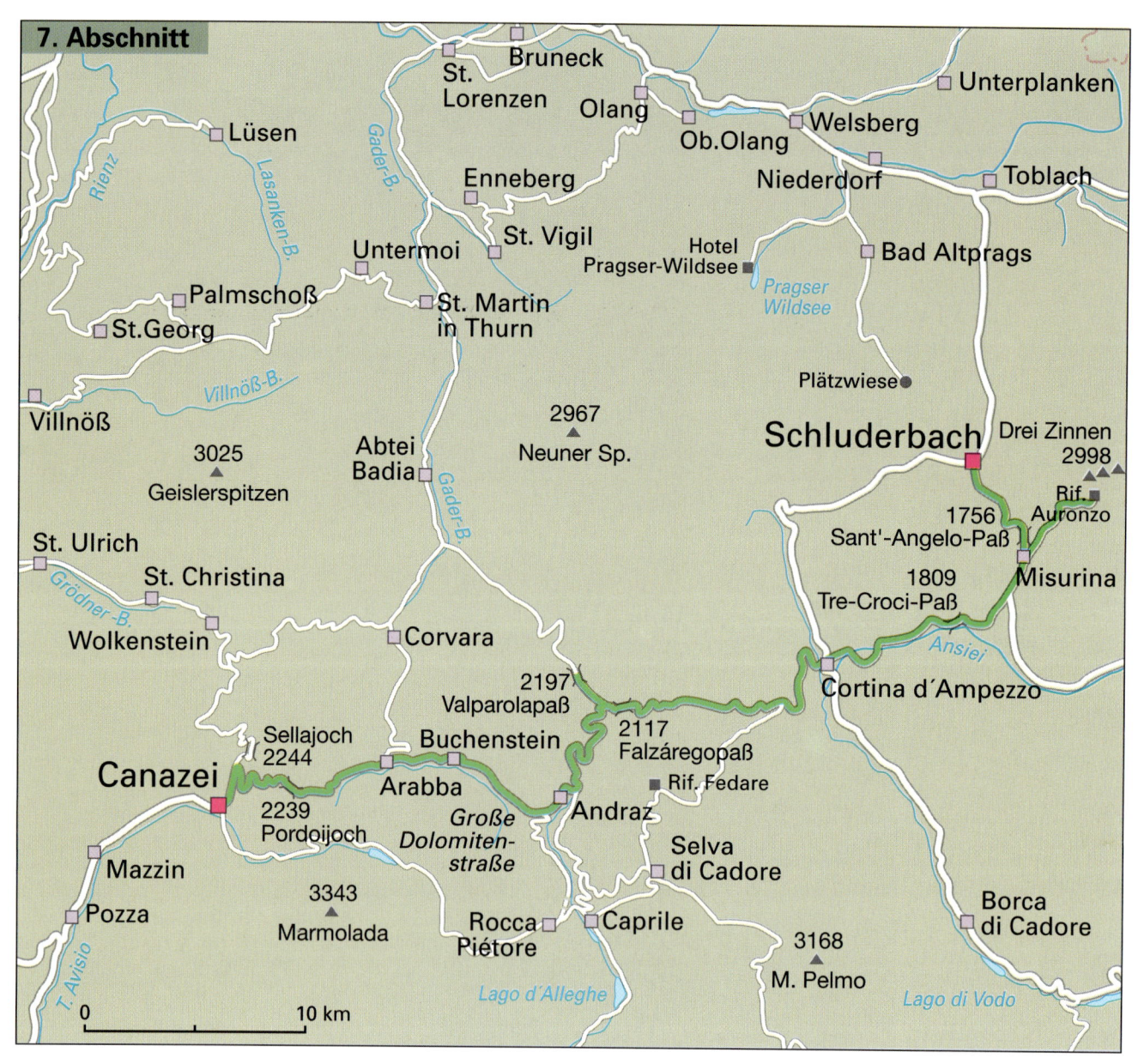

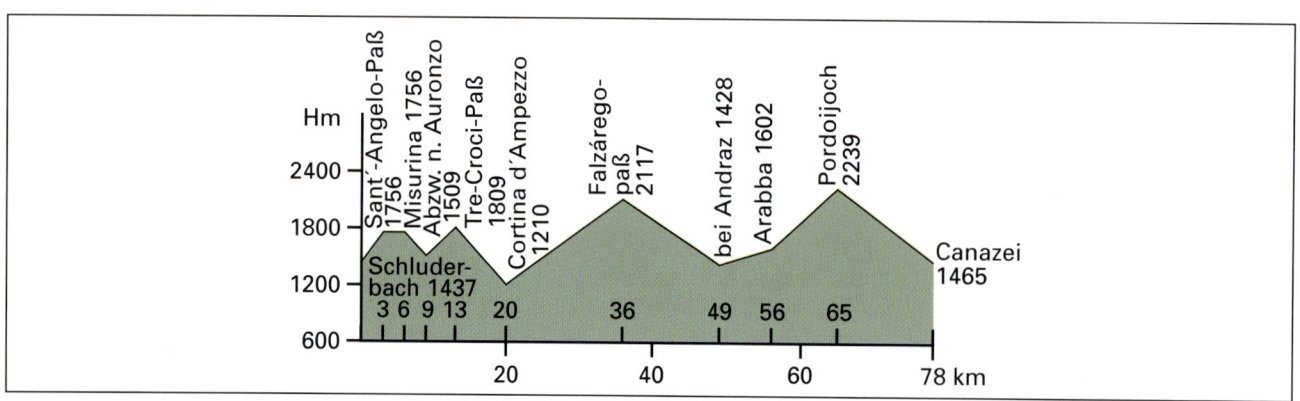

Von der Abfahrt über die Westseite des Pordoijochs gesehen, gliedert sich das Langkofelmassiv in Langkofel, Fünffinger- und Grohmannspitze.

von längeren Geraden unterbrochen, aufwärts. In einer Kehre erkennen wir einen Steinobelisk, die Ponte della Marogna, wo bis 1918 die österreichisch-italienische Grenze verlief. Bald sind wir oben am Sant'-Angelo-Paß, in einem weiten, völlig ebenen und von moorigen Wiesen bedeckten Hochtal.

Ein kurzer Dreh am Gasgriff, wir sehen das Ortsschild von Misurina bereits vor uns, aber unmittelbar davor weist uns eine Tafel auf die unscheinbare Abzweigung zum Rifugio Auronzo am Fuße der Drei Zinnen hin. Wir folgen ihr, steil steigt die Straße an, fällt am kleinen Lago di Antorno vorbei nochmals kurz ab bis zur Mautstelle, um dann breit und gut ausgebaut, aber gleichbleibend steil am Rifugio Auronzo an den weltberühmten Drei Zinnen zu enden. Diese geben sich von hier allerdings kaum als solche zu erkennen. Eigentlich sieht man lediglich zwei Bergspitzen, an denen nichts Außergewöhnliches zu entdecken ist.

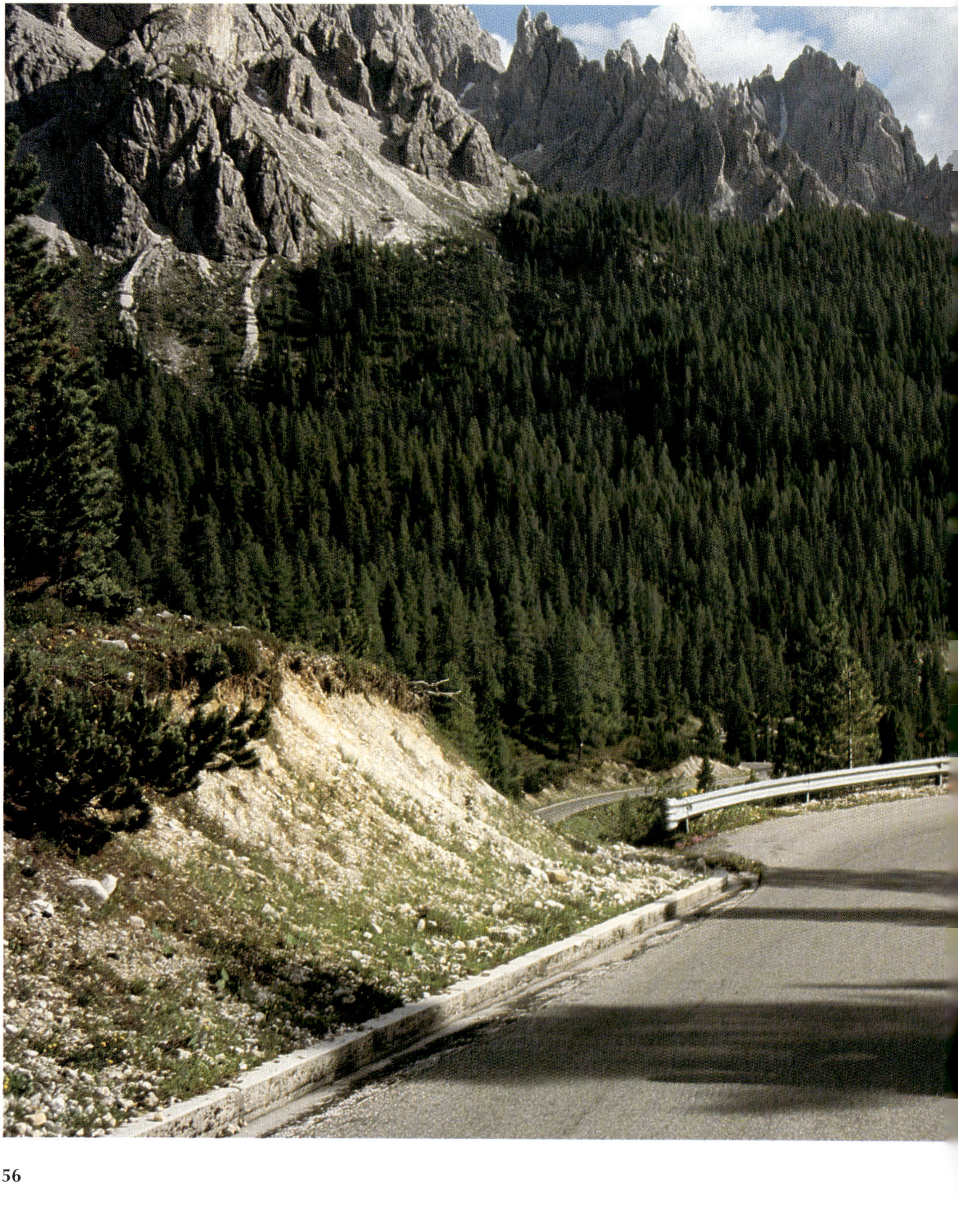

Die mautpflichtige Drei-Zinnen-Bergstraße bietet sowohl bei der Auffahrt als auch bei der Abfahrt eines der schönsten Panoramen in den Dolomiten.

Wir müssen einen kleinen Fußmarsch zum Paternsattel hinauf unternehmen, der auch für Ungeübte leicht und ohne Schwierigkeiten in etwa 15 Minuten zu bewältigen ist. Oben blickt man dann direkt auf die Nordseite der Drei Zinnen, die wie ruinenhafte Riesensäulen übergangslos aus gewaltigen Schuttfeldern herauszuwachsen scheinen. Aus diesem Blickwinkel wird klar, warum diese Felsformation zum Inbegriff der Dolomiten geworden ist und an Popularität alle anderen Gipfel in den Schatten stellt. Klein und unscheinbar fühlt man sich angesichts der himmelhoch aufstrebenden, spiegelglatten Felsfluchten, die trotz ihres abweisenden Äußeren zu einer Spielwiese extremer Sportkletterer geworden sind. Hat man seinen Blick von den Wänden gelöst, erkennt man rechts davon die Pyramide des Paternkofels und etwas weiter südöstlich den 3094 Meter hohen Zwölferkogel, den höchsten Berg über dem Sextental. Auch beim Abstieg fällt der Blick auf eine imponierende Felskulisse, die über die Cristallogruppe bis zu den Tofanen über Cortina d'Ampezzo reicht.

Cortina d'Ampezzo ist dann auch unser nächstes Ziel, aber zuerst werden wir am kleinen Misurinasee noch einen beschaulichen Halt einlegen. In dem 925 Meter langen und 325 Meter breiten, in der Regel hellgrün gefärbten Gewässer spiegeln sich die Zinnen und Türme der Cadinigruppe, während wir rückblickend nochmals die Westliche und die Große Zinne, diesmal von ihrer Südseite her, erkennen können. Auf dem nur 3,5 Meter tiefen See fanden 1956 die Eiswettläufe der Winter-Olympiade statt.

Großartig entwickelt sich auf der Weiterfahrt die Bergwelt vor uns. Deutlich erkennbar ist der hohe, rot gefärbte Mauerwall der Sorapisgruppe, der sogar einen kleinen Gletscher einschließt. Daneben, nach Osten anschließend, die Marmarolegruppe mit scharfen Spitzen und Zacken, die immer wieder von tiefen Karen zerrissen werden. An einer Straßenkreuzung folgen wir der Auffahrt zum Tre-Croci-Paß und haben bald das »Grand Hotel« auf der Paßhöhe erreicht. Den Namen erhielt der Paß von drei Kreuzen, die hier zur Erinnerung an eine im Schneesturm erfrorene Ampezzanerin und ihre beiden Kinder errichtet wurden.

Bald sind wir unten im grünen Talboden, wo sich das Städtchen Cortina entlang des Boîte ausbreitet. Im frühen Mittelalter soll der Ort unter der Herrschaft des Stifts Innichen, das zum Bistum Freising gehörte, gestanden haben. Bayern kennen Freising als Ortschaft nördlich von München. An eventuelle bayerische Einflüße erinnert in Cortina heute nichts mehr, es ist ein typisch italienisch-rühriges Städtchen, dessen Preisniveau allerdings durch die Olympischen Winterspiele von 1956 stark gestiegen ist.

Auf uns wartet nun die Große Dolomitenstraße, eine Traumstraße der Alpen, die in Cortina d'Ampezzo ihren Anfang nimmt und über drei Pässe nach Bozen führt, mitten durch den höchsten und schönsten Teil der Dolomiten. Lange vor dem Bau der Großen Dolomitenstraße, die 1984 ihr 75 jähriges Bestehen feierte, war der Falzáregopaß bereits ein vielüberquertes Joch. Heute führt eine gut ausgebaute Straße mit 21 Kehren dort hinauf. Hinter Pocol, einer kleinen Hotelsiedlung, ragen die Tofanen wie steinerne Kolosse aus dem lichten Lärchenwald neben der Straße auf. Auf der gegenüberliegenden Talseite zeigt sich mit den wie von Geisterhand gespaltenen Blöcken und Türmen der Cinque Torri eine der skurrilsten Bergformen der Dolomiten. Auf der Paßhöhe stehen ein Gedenkstein, mehrere Gasthäuser, einige Andenkenstände und die Talstation der Seilbahn auf den Kleinen Lagazuoi.

Wer ohne Benutzung der Seilbahn noch einige Höhenmeter gewinnen will, kann den kurzen Abstecher zum Valparolapaß noch mitnehmen und wird mit einem schönen Blick auf die Kreuzkofelgruppe im Norden belohnt. Noch schöner ist der Blick auf die Firnfelder der Marmolada, die schon nach der ersten Kehre der Abfahrt vor uns liegt. Sie ist mit ihren 3342 Metern nicht nur der höchste Berg der Dolomiten, sondern auch der am stärksten vergletscherte und trägt die Bezeichnung »Königin der Dolomiten« völlig zu Recht. Von Norden her ist sie verhältnismäßig leicht zu besteigen, während ihre Südwand fast ausschließlich nur sehr schwierige Kletterrouten durchziehen.

Bei der Abfahrt verschwindet die Marmolada wieder aus unserem Blickfeld. Aber wir müssen uns nur etwas gedulden: Wenn wir im

Nicht ganz so beeindruckend wie von Norden, aber respekteinflößend genug, schließt die Cristallogruppe nach Süden hin zum Tre-Croci-Paß ab.

Talboden angelangt sind und das Buchenstein, wie das Tal des obersten Cordevole genannt wird, aufwärts fahren, sollten wir nicht vergessen, noch einmal anzuhalten und uns umzusehen – mit der über 2000 Meter hohen Nordwand der Civetta zeigt sich ein Bild, das dem der Marmolada an Schönheit nicht nachsteht.

Verschwindend gering mögen sich da die Felsmassen des Sellastocks ausnehmen, der bald vor uns auftaucht. Dies ändert sich aber mit dem Näherkommen, und man erkennt die gewaltigen Ausmaße dieses einzigartigen Gebirgsstocks, der einer Riesenburg gleich im Herzen der Dolomiten thront.

Genau 33 Kehren versprechen dann wieder reinen Fahrgenuß bis zum Scheitelpunkt am Pordoijoch, auf dem mit 2239 Metern der höchste Punkt der Großen Dolomitenstraße erreicht ist. Ein Obelisk erinnert an den Bau der Straße und ein etwas abseits gelegenes Ehrenmal an die hier Gefallenen des Ersten und Zweiten Weltkriegs. 27 Kehren müssen wir dann noch überwinden, bevor wir in Canazei den ersten Teil der Dolomitenfahrt beenden.

8. Abschnitt:
Von den Dolomiten ins Trentino

Canazei – Cles

Strecke:
**Canazei –
San Giovanni
in Vigo di Fassa –
Karerpaß –
Karersee –
Welschnofen –
Kardaun –
Bozen –
St. Michael –
Mendelpaß –
Abstecher zum Monte
Pénegal –
Fondo –
Ponte Mostizzolo –
Cles**

Streckenlänge:
116 km

Paßöffnungszeiten:
Die Paßstraßen sind ganzjährig befahrbar. Mautgebühren werden nicht erhoben.

Karte:
**Generalkarte
1 : 200 000, Blatt
Südtirol.**

Auf einem flachen Talboden, inmitten einer prachtvollen Hochgebirgsumrahmung mit Langkofel-, Sellagruppe und Marmolada, liegt Canazei, der Hauptort des obersten Fassatals. Es ist sommers wie winters ein vielbesuchtes Feriengebiet, was sich auch im Verkehr auf der einzigen im Talboden nach Süden talauswärts verlaufenden Straße niederschlägt. Fast mag die landschaftliche Schönheit des Tals darüber etwas in den Hintergrund gedrängt werden, aber dem spitzen Turm der Pfarrkirche San Giovanni in Vigo di Fassa werden wir dennoch unsere Beachtung schenken, bildet er doch ein imponierendes Motiv vor den Felswänden des Sellastocks im Hintergrund.

Nicht nur von außen, auch von innen ist die Kirche, die bereits aus der ersten Hälfte des 13. Jahrhunderts stammt, sehenswert. Die drei Schiffe werden von Säulen aus Syenit des Monzonigebirges gestützt und von großen, spätgotischen Wandgemälden verziert. Ins Auge fällt dabei das Bild am Hauptaltar von Antonio Longo aus Verona. In der angrenzenden Taufkapelle nennt eine Inschrift aus dem Jahre 1538 Silvestro Solda als Erbauer. Er soll Anführer im Kriege Karls V. gegen die Türken gewesen und mit reicher Beute zurückgekehrt sein. In der großen Glocke soll aus Versehen ein Teil dieser Schätze mit eingeschmolzen worden sein. Die eine Kugel haltende Hand, die aus der linken Seitenwand des Presbyteriums ragt, soll der Überlieferung nach den Zorn Soldas über dieses Mißgeschick ausdrücken.

Gleich bei der Kirche zweigt auch die Straße zum Karerpaß ab, der hier mit »Passo di Costalunga«, allerdings recht spärlich, ausgeschildert ist. 10 Kilometer kurvenreiche Auffahrt liegen vor uns, durch viel Wald und ohne besonders hervorzuhebende landschaftliche Attraktionen. Sie erwarten uns dafür auf der Paßhöhe, die gleichzeitig auch Sprachgrenze zwischen Italienisch und Deutsch sowie zwischen den Provinzen Bozen und Trient ist. Gleich nördlich der Paßhöhe baut sich der Hauptkamm einer der interessantesten und bekanntesten Berggruppen in den Westlichen Dolomiten auf: der Rosengartengruppe.

Wandfluchten mit einer Reihe von Felsköpfen und Türmen sind es, die sich hier über grünen Almmatten erheben. Besonders schön sind sie im letzten Licht des Tages, wenn sie von der untergehenden Sonne rötlich gefärbt werden. »Enrosadüra« nennen die Ladiner dieses phantastische Alpenglühen und verbinden es mit der Sage von Laurin, dem König der Zwerge. Dieser soll im Rosengarten wohnen, wo er, durch eine Tarnkappe unsichtbar gemacht, einst mit Dietrich von Bern, dem Recken aus der Nibelungensage, gekämpft haben soll. Dietrich gewann den Kampf, brachte Laurin als Gefangenen nach Bern, wo dieser getauft wurde und fortan einen Freundschaftsbund mit Dietrich schloß.

Uns erwartet nun eine lange Abfahrt hinunter ins Eisacktal, die wir beim Karersee allerdings nochmals unterbrechen. Wie ein Juwel liegt der See in dichtem Hochwald verborgen zu Füßen der Latemargruppe. Vor allem diese Berggruppe aus scharfem und brüchigem Riffkalk, die sich mit ihren wilden Türmen und Zacken im Wasser spiegelt, macht den Reiz der Umgebung aus. Je nach Wetter und Tageszeit wechselt dabei die Farbe des Sees und gibt so der malerischen Stimmung immer wieder eine eigene Note.

Auf der Weiterfahrt begleitet uns der hochstämmige Wald noch etwas, bevor er bei Welschnofen, einem stattlichen, langgestreckten Pfarrdorf auf sonnseitig geneigten Hängen, zurückgeht. Der Sage nach sollen hier einst die Dirlinger gewohnt haben, die oft

Hinter der Gruppe schwerer Maschinen baut sich beim Abstecher über die Niger-Paßstraße die Latemargruppe auf.

mit den vom Latemar herunterkommenden Riesen kämpfen mußten. Heute kommen vorwiegend Touristen mit friedlicher Absicht in diese vielbesuchte Sommerfrische.

In Birchabruck haben wir zurückschauend noch einmal einen schönen Blick auf Latemar- und Rosengartengruppe, dann nimmt uns das Eggental auf. Begleiten uns anfangs noch Wald und freundliche Wiesen, beginnt sich langsam Fels an die Straße zu drängen. Es ist dunkelroter Porphyr, der auf die einst hier vorherrschende vulkanische Tätigkeit hinweist und sich bedrückend eng an die Straße schiebt. Kaum Platz bleibt für den unter uns schäumenden Wildbach und die Straße, die teilweise in den Fels gesprengt werden mußte. Es ist eine der großartigsten Schluchten in den Alpen, die der Karneidbach auf seinem Weg zum Eisack geschaffen hat. Schloß Karneid, in exponierter Lage über der rechten Schluchtseite gelegen, deutet den nahen Talschluß an. Es ist im Besitz der Familie von Ferdinand von Miller, dem ehemaligen Direktor der Bayerischen Akademie der Bildenden Künste in München, der das Schloß um 1900 erwarb.

In Kardaun liegt die beklemmende Enge der Schlucht hinter uns, dafür das Eisacktal mit dem Verkehr der Autobahn, der Bundesstraße und der Eisenbahn vor uns. Es ist nicht mehr weit bis Bozen, seines Zeichens Endpunkt der Großen Dolomitenstraße, Hauptstadt von Südtirol, Sitz der Provinzbehörden, alte Handelsstadt und Bischofssitz. Das Felsenreich der Dolomiten liegt hinter uns, mediterrane Wärme nimmt uns auf, aber auch eine fürchterlich verbaute Peripherie, die eine solche Großstadt zwangsläufig mit sich bringt.

8. Abschnitt

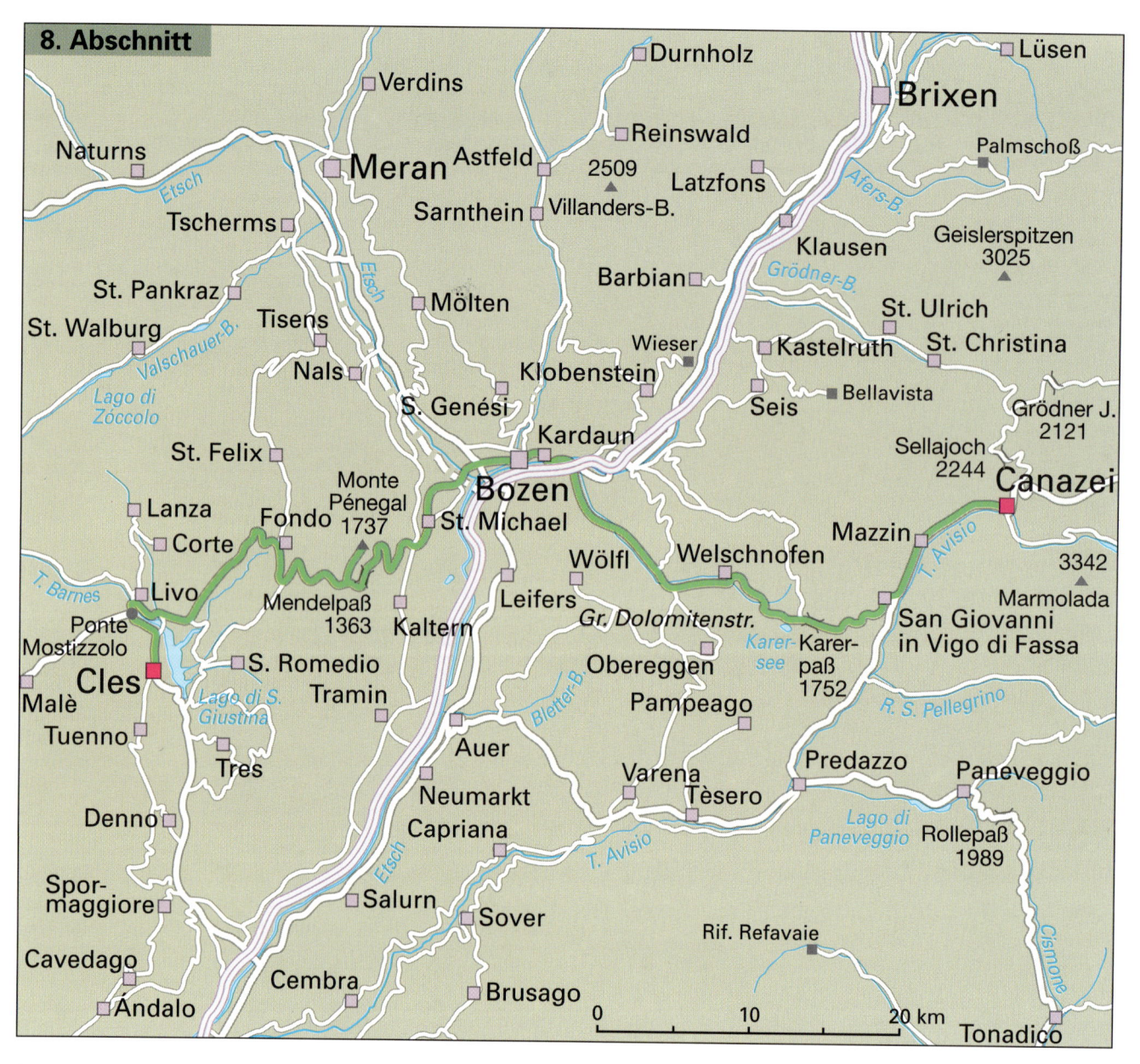

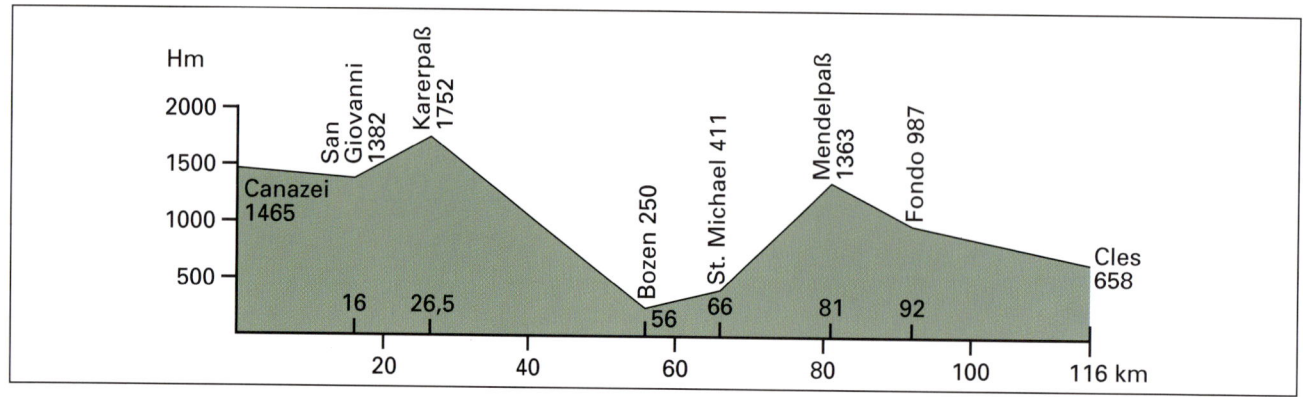

Die Bozener Altstadt ist dennoch eine der intaktest gebliebenen und urbansten Plätze des Landes, mit malerischen Gassen und Laubengängen, alten Bürgerhäusern mit prachtvollen Fassaden und Erkern, ausgesuchten Geschäften mit den besten Einkaufsmöglichkeiten in Südtirol und traditionsreichen Gasthäusern mit vorzüglicher Tiroler Küche.

Die Talfer durchfließt die Altstadt, von deren Ufern man einen schönen Blick auf Burg Maretsch und den Rosengarten hat. Wenn sich die Abenddämmerung langsam über Stadt und Bergumrahmung senkt und der Rosengarten nochmals im letzten Licht der untergehenden Sonne aufleuchtet, bietet sich hier von der Uferpromenade ein phantastisches Bild.

Mit ihren manchmal unübersichtlichen und engen Kehren ist die Mendel-Paßstraße fahrerisch durchaus anspruchsvoll. Das Trio befindet sich im oberen Teil der Ostrampe, wo die Trasse teilweise in den Fels gesprengt werden mußte.

Hervorzuheben wären noch die große Pfarrkirche, deren 62 Meter hoher, spätgotischer Turm als Wahrzeichen Bozens gilt, und die Laubengasse, deren hohe, alte Häuser mit der nach vorne geöffneten, gewölbten Halle auf zwei Pfeilern und mit ihren erkerverzierten, teilweise bemalten Fassaden der Innenstadt ihre charakteristische Prägung verleihen.

Wir verlassen Bozen in südwestlicher Richtung, vorbei an Schloß Sigmundskron, einer großen Festungsanlage auf dem nördlichsten Felsen des Mitterberges, deren gewaltige Mauern, Wehrgänge und Geschütztürme zusehends verfallen. Dahinter baut sich schon der Mendelkamm, unser nächstes Ziel, auf; aber noch halten wir uns im Talboden, der wie ein überdimensionaler Wein- und Obstgarten wirkt. So weit das Auge reicht, ein Meer von Reben, in dem sich Dörfer und Gehöfte wie Inseln abheben und uns mit Probierstuben und Weinschänken vielfach in Versuchung führen. Es ist die berühmte Weinlandschaft des Überetsch, deren gekelterte Erzeugnisse schon von römischen Schriftstellern gelobt wurden und seit dem Mittelalter den Wohlstand dieser Region sichern.

In St. Michael, das zur weitverstreuten Gemeinde Eppan gehört, folgen wir den Hinweisschildern zum Mendelpaß. Rasch bleiben die Reben und behäbigen Weingüter unter uns, und auch die Zypressen, Pinien und Zedern gehen bald in anspruchslosen Fichtenwald über. Im oberen Teil drängt sogar Fels an die Straße, die hier teilweise in die Berghänge gesprengt wurde und manchmal unübersichtlich und eng zum aussichtslosen Sattel mit der Hotelsiedlung führt. Eine kurze Stichstraße auf den Monte Pénegal kann uns

Breit und gut ausgebaut ist der Mendelpaß nur im unteren Teil der Ostseite, im Gemeindegebiet von Eppan.

Der Kalterer See, inmitten der berühmten Weinlandschaft des Überetsch, ist einer der wärmsten Badeseen der Alpen.

64

65

Die reizvolle Landschaft des Nonsbergs – oder Val di Non – hat sich dem Tourismus noch weitgehend verschlossen. Trotzdem oder gerade deswegen ist das Fahren auf den verkehrsarmen Straßen ein reines Vergnügen.

aber für den nicht vorhandenen Ausblick entschädigen. Vom Aussichtsturm beim Gasthof »Pénegal« sehen wir tief hinunter ins Etschtal sowie im Osten auf die Dolomiten und im Südwesten zur Brenta- und Presanellagruppe.

Mit der Paßhöhe überschreiten wir auch wieder die Sprachgrenze ins Italienische und sind im Val di Non. Die deutsche Bezeichnung für diese Gegend zwischen Brentagruppe und Mendelkamm ist Nonsberg und steht für eine weite, leicht gewellte Hochfläche, auf der vorwiegend Obstanbau betrieben wird. Eine reizvolle Landschaft, die sich dem Tourismus allerdings noch weitgehend verschlossen hat.

Gerade deshalb ist das Fahren auf den verkehrsarmen Straßen ein reines Vergnügen, das in Cles, dem Hauptort des Nonsberges, fast zu schnell endet. Dafür kann man den Abschnitt mit einem Bad im Lago di Santa Guistina, dem größten Stausee im Trentino, abschließen.

9. Abschnitt:
Über den Gáviapaß

Cles – Bórmio

Strecke:
Cles –
Ponte Mostizzolo –
Malé –
Abstecher ins
Rabbital –
Dimaro –
Abstecher zum
Campo-Carlomagno-
Paß –
Ossana –
Abstecher ins Péjotal –
Tonalepaß –
Ponte di Legno –
Gáviapaß –
Bórmio

Streckenlänge:
101 km

Paßöffnungszeiten:
Der Gáviapaß ist nur vom 1. 7. bis 15. 10. befahrbar. Mautgebühren werden nicht erhoben.

Karte:
Generalkarte
1 : 200 000, Blatt Südtirol.

Vor dieser Etappe sollten wir die Maschine einer besonders gründlichen Kontrolle unterziehen. Gerade hier wäre es fatal, mit einem Defekt oder leeren Tank liegenzubleiben, geht es doch mitten hinein in eine der unberührtesten und abgeschiedensten Hochgebirgslandschaften der Alpen, den Stilfser Nationalpark. Und mit dem 2621 Meter hohen Gáviapaß liegt nicht nur der zweithöchste Paß der Ostalpen vor uns, sondern auch eine Strecke, die an Schwierigkeit und fahrerischem Anspruch kaum zu übertreffen ist.

Noch bleiben wir freilich in der Zivilisation, die wir so schnell auch nicht verlassen werden. Von Cles geht es am See entlang wieder ein kurzes Stück auf der Anfahrtsstrecke zurück bis Ponte Mostizzolo. Dann folgen wir dem Verlauf des Noce, der sich hier tief in den Talboden eingeschnitten hat und einen scharfen Knick nach Westen beschreibt. Schon bald weicht die Schlucht zurück, die Landschaft wird wieder weit und flächig, hält sich mit besonderen Reizen aber noch zurück. Dichtbesiedelt ist der Talboden, durch den die Straße nur mäßig ansteigend aufwärts zieht, während an den grünen, sanft geneigten Berghängen nur vereinzelte Häuser zu erkennen sind. Wir sind im Val di Sole, dessen deutscher Name »Sulzburg« wohl aus der Zeit stammt, als dieser Teil der heutigen Provinz Trient noch zu Bayern gehörte. Später ging es an Österreich über und wurde erst am Ende des Ersten Weltkriegs Italien angeschlossen.

Mit Malé, der ersten größeren Ortschaft nach unserem Aufbruch, erreichen wir den Hauptort des Val di Sole, wo auch das Rabbital nach Norden in die Ortler-Alpen abzweigt. Es gilt als schönstes und ursprünglichstes Seitental und führt hinein in eine noch größtenteils unverbaut gebliebene Naturlandschaft. Wirklich auf seine Kosten kommt aber nur, wer vom Endpunkt in Sonrabbi noch etwas in die Bergwelt hineinwandert, und auch die meist recht geradlinig dort hinauf verlaufende Straße stellt fahrerisch keine besonderen Ansprüche.

Unbefestigte Naturstraße wie hier auf der Südseite des Gáviapasses findet man im Alpenraum nur noch selten.

9. Abschnitt

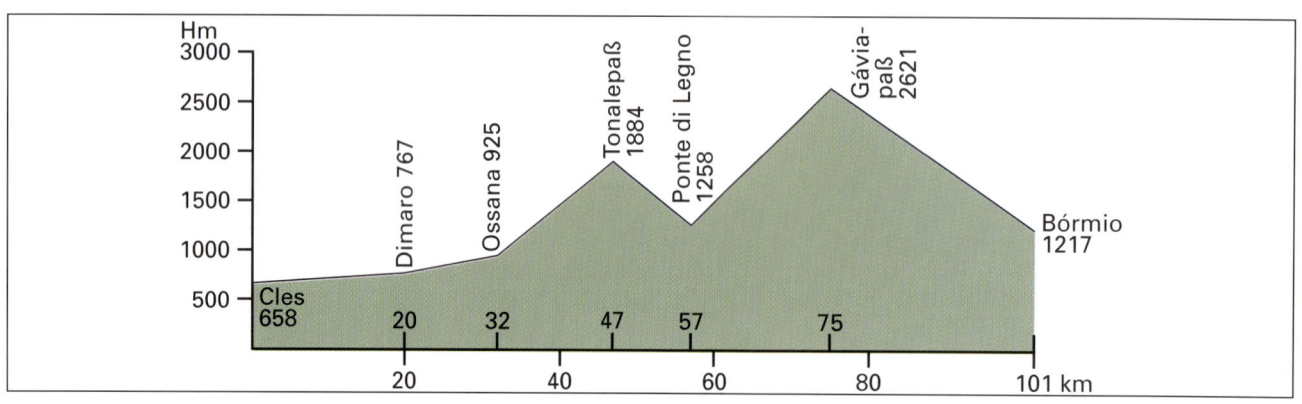

SCHWEIZ

ITALIEN

Gomagoi · Martell · Schluder-Sp. 3230 · Stilfser Joch · Sulden · 3092 Tuver-Sp. · St. Walburg · Valschauer B. · Ortler 3905 · 3859 Königs-Sp. · St. Gertraud · Lanza · Bórmio · F. Adda · T. Frodolfo · Valdisotto · S. Caterina · Bagni di Rabbi · T. Barnes · R. Pescara · Péjo · Rabbital · Ponte Mostizzolo · T. Gávia · Péjotal · Cellentino · T. Noce · Cles · Gáviapaß 2621 · Monclàssico · Malé · Tasullo · Vermìglio · Sant' Apollónia · Ossana · Dimaro · Tuenno · Ponte di Legno · Vezza d'Oglio · Campo-Carlomagno-Paß · Denno · F. Oglio · Tonalepaß 1884 · 1682 · Spormaggiore · Monno · 3558 Presanella · Madonna di Campiglio · Mezzolombardo · Cavedago · Sónico · 3554 Adamello · Nardis Hütte · T. Sarca · 3150 Cima Brenta · Andalo · Carisolo · Pinzolo · Molveno

0 ─── 10 km

Hm

km	Ort	Höhe
0	Cles	658
20	Dimaro	767
32	Ossana	925
47	Tonalepaß	1884
57	Ponte di Legno	1258
75	Gávia-paß	2621
101	Bórmio	1217

Die Nordseite des Gáviapasses ist nunmehr durchgehend asphaltiert und gut ausgebaut. Geblieben ist das landschaftlich grandiose Bergpanorama, das sich hier mit den Ortler-Alpen zeigt.

Vielleicht ist es besser, gleich bis Dimaro, dem nächsten größeren Ort, weiterzufahren. Wie die vorherigen ist auch dieser eher schmucklos, wenngleich der Kenner die eine oder andere Kirche oder den einen oder anderen Palazzo durchaus als lohnenswert empfinden mag. Große Kunstschätze haben sich hier dennoch nirgends erhalten, und so konzentrieren wir uns besser auf die Landschaft.

Und die wird großartig, wenn wir von Dimaro den Abzweiger zum Campo-Carlomagno-Paß nehmen. Wir verlassen damit zwar wieder unsere Route, müssen später wieder zurück, aber die kurven- und kehrenreiche Strecke hinauf zur Paßhöhe lohnt den Umweg. Führt sie doch zu einer der wildesten und schönsten Berglandschaften der Alpen, der Brenta-Gruppe.

In Madonna di Campiglio, dem weltbekannten Bergsteiger- und Wintersportort kurz nach der Paßhöhe, hat man den schönsten Blick auf die mächtige Felsbastion mit ihren Türmen, Nadeln und Zinnen, die sich auf engstem Raum zusammendrängen und dadurch noch eindrucksvoller wirken. Vergleiche mit den Dolomiten stellen sich dabei ein, und tatsächlich besteht das Gestein aus dem gleichen Kalzium-Magnesium-Karbonat und ist somit geologisch und morphologisch den Dolomiten zuzurechnen.

Der Name der Gruppe wurde vom italienischen Wort »brente« für »große Mulden« abgeleitet, die in der Umgebung von Madonna di Campiglio häufig zu finden sind. Die Paßstraße, die wir nun in entgegensetzter Richtung wieder zurückfahren, verdankt ihren

69

Namen, wie unschwer zu erkennen ist, Karl dem Großen, der um das Jahr 787 mit seinem Heer hier herübergezogen sein soll, um weiter im Süden gegen die Langobarden zu kämpfen.

Wer von Abstechern noch nicht genug hat, kann weiter taleinwärts, bei Ossana, noch einen ins Péjotal unternehmen. Dort oben, in der Berggemeinde Péjo, bestehend aus den Orten Péjo Terme und Péjo Paese, entspringen zwei Quellen, denen man verschiedene Heilkräfte nachsagt. So soll etwa das Wasser der kohlensäure-eisenhaltigen Quelle »Antica Fonte« bei Erschöpfungszuständen, Anämie und Gastritis helfen, während die Quelle »Fonte Alpina« mit ihrem leicht schwefelhaltigen, doppelkohlensauren Wasser vor allem bei Leber-, Nieren- und Stoffwechselkrankheiten Linderung verspricht. Es ist aber nicht unbedingt notwendig, extra deswegen bis dort hinaufzufahren. Das Wasser aus der Quelle »Fonte Alpina« wird mit der Aufschrift »Péjo« im ganzen Land als Tafel- und Mineralwasser verkauft.

Hinter Ossana wird das Tal enger, und auch die Straße steigt merklich an. Leider versperrt uns bis zur Tonalepaßhöhe meist dichter Lärchen- und Fichtenwald die Sicht, aber hin und wieder geht er zurück und gibt den Blick auf eine mächtige Eisflanke frei. Es ist die Nordwand der Cima Presanella, 3556 Meter hoch, der höchste Berg der Adamello-Presanella-Alpen, die als das südlichste vergletscherte Hochgebirge der Ostalpen gelten. Oben auf der Paßhöhe bietet sich ein kleiner Parkplatz mit Bänken und Tischen als bester Rast- und Aussichtspunkt an. Sonst weist diese wichtige Verkehrsverbindung zwischen dem Veltlin und dem Etschtal nur noch einige gesichtslose Hotelbauten und ein ebenfalls nicht allzu formschönes Kriegerdenkmal auf. Es erinnert an die Gefallenen des Ersten Weltkriegs, als hier die Frontlinie über die höchsten Gipfel der Adamello-Alpen verlief. Die starke Vergletscherung dieser Berge mit ihren rund 20 Gletschern kann man von unten nicht erkennen; dafür fällt das helle, granitartige, teilweise mit Schiefer durchsetzte Gestein auf. Es ist Tonalit, körniges Erstarrungsgestein mit Quarz und Glimmer, das dem Paß seinen Namen gegeben hat.

Die Abfahrt über die Westseite gleicht der Auffahrt über die Ostseite, nur daß wir uns nunmehr in der Provinz Lombardei befinden. Wir müssen aufpassen, denn die Ortschaft Ponte di Legno versteckt sich genauso wie die hier zum Gáviapaß abzweigende Straße. Es ist noch nicht lange her, da galt die Befahrung des Gáviapasses als absolute Mutprobe, ein

Fahrerisch anspruchsvoll und auch nicht ganz ungefährlich, wie die Hinweisschilder am Straßenrand eindrucksvoll dokumentieren, präsentiert sich die Südseite des Gáviapasses.

Wagnis ersten Ranges, das höchste Anforderungen an das Fahrkönnen stellte und dem nur versierte, hochgebirgserprobte Fahrer gewachsen waren. Von exponierten Felspassagen, nur notdürftig oder gar nicht randgesichert, war die Rede, einer unbefestigten, mit Schlaglöchern und Felsbrocken übersäten Piste und engen Abschnitten ohne Ausweichen, die bei entgegenkommenden Fahrzeugen nur die Wahl zwischen Felsrand und Abgrund ließ. Besonders gefürchet war ein Abschnitt im oberen Bereich, wo sich die Straße kaum 3 Meter breit und mit einigen Holzlatten eher moralisch abgesichert unmittelbar an der Felswand entlangschlängelte und auf der anderen Seite mehrere hundert Meter tief ins Valle delle Messi abstürzte. Motorradfahrer waren hier wegen ihrer geringeren Breite und besseren Manövrierfähigkeit sicher im Vorteil, aber für Autofahrer war diese Passage ein ernstzunehmendes, gefährliches Hindernis.

Der Gáviapaß hat heute viel von seinem Schrecken verloren. An seinem Ausbau wird ständig gearbeitet; die Nordseite ist nunmehr gänzlich asphaltiert, und auch die Südseite wird verbreitert und immer mehr asphaltiert. Der gefährliche Abschnitt im oberen Teil wurde durch die Fertigstellung eines Tunnels sogar gänzlich entschärft und kann somit gefahrlos befahren werden. Eine Sonntagnachmittag-Spazierfahrt ist es freilich dennoch nicht, dazu tragen allein schon die Abgeschiedenheit und die geringe Frequentierung dieser Strecke bei. Hinter Sant'Apollónia bestehen bis zum Rifugio auf der Paßhöhe keine Unterkunftsmöglichkeiten, die bei Regen, Kälte oder plötzlich einsetzendem Schneefall Schutz gewähren könnten. Eine Notrufsäule gibt es auch nicht, und so ist man bei Defekten oder sonstigen Schwierigkeiten ganz auf sich alleine gestellt.

Allzusehr abschrecken lassen sollte man sich aufgrund dieser Ausführungen jedoch nicht. Bei schönem Wetter, guten Straßenverhältnissen und angepaßter Fahrweise kann die Fahrt über den Gávia zu einem echten Vergnügen werden, was die ständig zunehmende Zahl von Motorradfahrern beweist. An manch schönen Sommerwochenenden scheint es, als ob man die Hand vom Grüßen der entgegenkommenden Maschinen gar nicht mehr an den Lenker bekommt, und die Paßhöhe erinnert mehr an ein Motorradfahrer-Treffen als an eine abgeschiedene Bergsteigerregion.

Oben ist man in der herrlich unberührten Bergwelt des Nationalparks Stilfser Joch, deren Gefährlichkeit einem aber unmißverständlich vor Augen geführt wird. Beim Rifugio Berni, etwas unterhalb des Scheitel-

Das verfallene Haus am Straßenrand täuscht; der Tonalepaß ist eine wichtige und vielbefahrene Verkehrsverbindung zwischen dem Veltlin und dem Etschtal.

punkts, erinnert ein steinernes Monument an eine Gruppe von Alpini-Soldaten, die hier mit einem Lkw abgestürzt sind.

Mit schönem Ausblick auf die Berge der OrtlerAlpen geht es anschließend über nicht enden wollende Kurven und Kehren abwärts, und in Santa Caterina Valfurva erwartet uns dann bereits wieder der Trubel eines Fremdenverkehrsorts.

Endpunkt der Paßroute ist Bórmio, ein bedeutender Verkehrsknotenpunkt zu Füßen von Ortler und Cevedale, dessen heilsame Wirkung seiner Thermalbäder bereits den Römern bekannt war.

Warnschilder wie hier vor Kurven und Steinschlaggefahr auf der Südrampe der Stilfser-Joch-Paßstraße sind ernst zu nehmen und durch entsprechend angepaßte Fahrweise zu befolgen.

10. Abschnitt:
Auf der höchsten Paßstraße der Ostalpen

Bórmio – Davos

Strecke:
Bórmio – Cantoniera IV a – Abstecher zum Stilfser Joch – Umbrailpaß – Santa Maria im Münstertal – Ofenpaß – Punt la Drossa – Abstecher nach Livigno – Zernez – Susch – Flüelapaß – Davos

Streckenlänge:
103 km

Paßöffnungszeiten:
Die Stilfser-Joch-Straße ist nur vom 1.6. bis 31.10. befahrbar. Die Umbrail-Paßstraße nur vom 15.5. bis 15.11. Die Grenzstation am Umbrailpaß ist vom 1.7. bis 30.9. nur zwischen 6 und 22 Uhr geöffnet. Mautgebühren werden nicht erhoben. Der Munt-la-Schera-Tunnel nach Livigno kann täglich von 8 bis 20 Uhr befahren werden. Die Gebühr beträgt 5 sfrs (ca. 6 DM).

Karte:
Generalkarte 1 : 200 000, Blatt Südtirol und Schweiz, Blatt 3.

Italien verabschiedet uns mit einem ganz besonderen Geschenk, nämlich der Auffahrt über die höchste und kehrenreichste Paßstraße der Ostalpen. Gemeint ist das Stilfser Joch, mit 2757 Metern nach der Iseran-Paßstraße und dem Restefond-/Bonette-Paß in den französischen Seealpen dritthöchste für den öffentlichen Verkehr befahrbare Transitstraße der Alpen. Zudem ist sie zweifellos eine der interessantesten und attraktivsten Hochalpenstraßen, die aufgrund ihrer Länge, der ständigen Steigung, der Vielzahl von Kurven und Kehren und nicht zuletzt des manchmal auch schadhaften Straßenzustands einiges an Ausdauer und Fahrkönnen erfordert.

Die bekanntere Seite ist sicherlich die Ostrampe, die vom Vinschgau heraufführt, mit ihren 49 durchnumerierten Kehren, deren Anlage im oberen Teil fast einmalig im gesamten Alpenraum ist und nicht unwesentlich zum Bekanntheitsgrad beigetragen hat. Mit solchem Geschick hatten die Straßenbau-Ingenieure ihre Aufgabe gelöst, daß die Trassenführung seit Eröffnung der Straße im Jahre 1825 bis heute nahezu unverändert geblieben ist. Freilich wurde die Straße verbreitert, der Kurvenradius vergrößert, auch wurden einige Abstutzungen vorgenommen, so daß der Ausbauzustand, von den unvermeidlichen Witterungsschäden und Ausbesserungs-

73

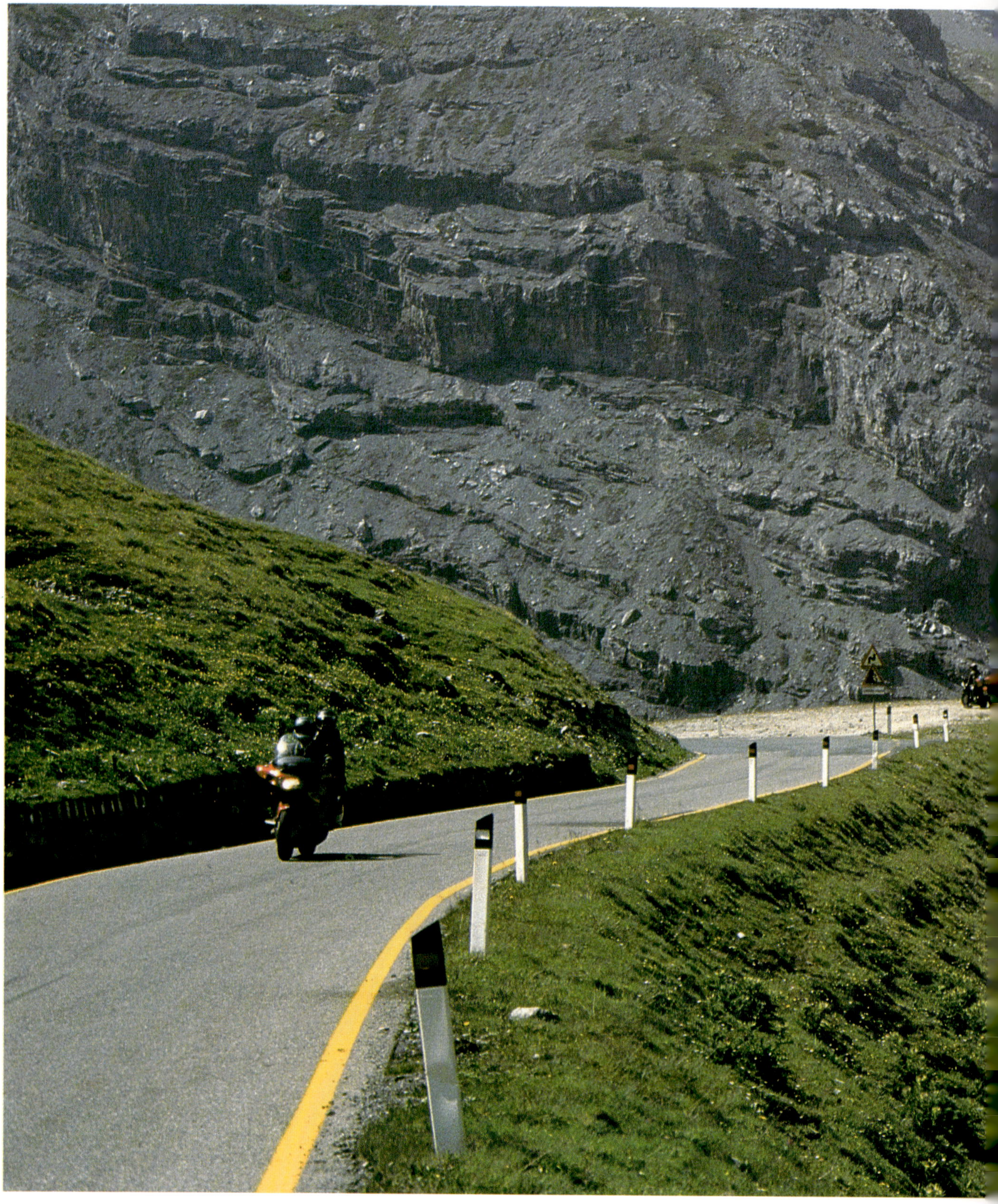

Die Aufnahme täuscht etwas – die Kehren im rechten Bildteil werden durch eine neue Trasse umgangen. Dennoch zählt die Südseite des Stilfser Jochs zu den kurven- und kehrenreichsten Paßstraßen der Ostalpen.

arbeiten abgesehen, durchaus als zufriedenstellend angesehen werden kann.

Dies gilt auch für die Westrampe, die nicht ganz den Ruf des Außergewöhnlichen wie ihr Gegenüber genießt. Vielleicht liegt es daran, daß sie »nur« 31 Kehren aufweisen kann, die vielen kehrenähnlichen und sonstigen Kurven allerdings dabei nicht mitgerechnet. Vielleicht auch, weil sich die Bergumrahmung bei der Auffahrt über diese Seite nicht ganz so großartig darstellt. Wahrscheinlich aber ist die Ostseite einfach bekannter, weil sie vom verkehrsreichen Vinschgau aus ein größeres Einzugsgebiet hat und von dieser Seite daher öfter befahren wird.

Daß auch diese Seite ihre Qualitäten hat, wird schon bald klar, wenn wir in das Brauliotal einfahren, das die Bezeichnung »wildromantisch« durchaus verdient. Dicht drängen sich die verwitterten Kalkfelsen, deren dunkle Flanken sich bis zu 1300 Metern hoch auftürmen, zusammen, während im Talgrund der Braulio weißschäumend seinen Weg zwischen den Felsbrocken sucht. Wir sind froh über die Naturtunnels, die uns entlang der südlichen Talseite Sicherheit vor Steinschlag versprechen. Dann fesselt ein riesiger Wasserfall, der über eine fast senkrechte Felsstufe herabstürzt, unsere Aufmerksamkeit. Wir überwinden diese Steilstufe über eine enge Kehrengruppe, und vor uns öffnet sich überraschend ein weites Hochtal mit grünen Almwiesen. Über uns erkennen wir bereits das Sommerskigebiet auf der Paßhöhe, doch zuvor passieren wir noch die Kapelle San Rainieri und die Cantoniera IV a, ein verlassenes Haus an der Abzweigung zum Umbrailpaß und in die Schweiz. Nur etwa 100 Meter entfernt befindet sich die italienisch-schweizerische Grenze auf dem

Auch die Nordseite des Umbrailpasses ist teilweise unbefestigt. Da hier aber auch Postautos verkehren, ist die Trasse in gutem Zustand.

10. Abschnitt

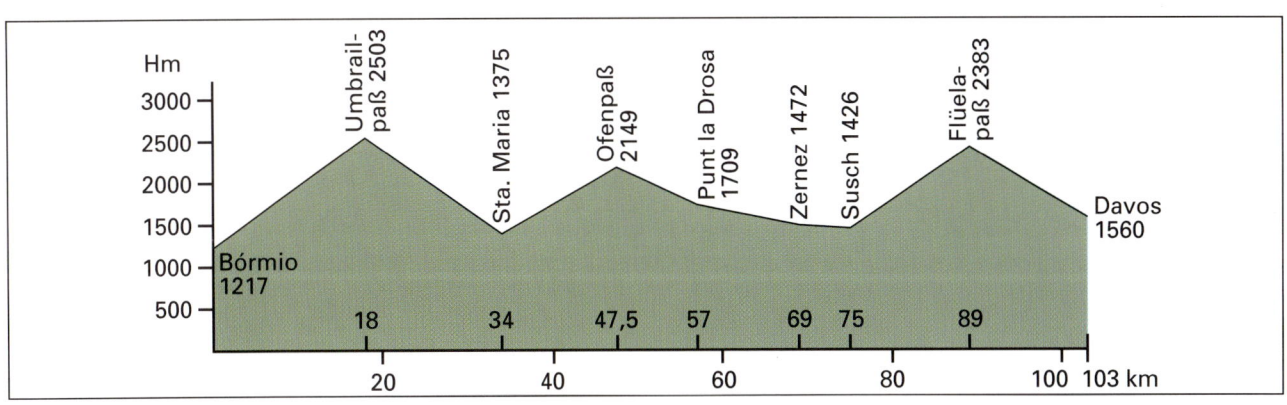

Umbrailpaß, aber wir werden uns die knapp 2 Kilometer zum Stilfser Joch sicher nicht entgehen lassen.

Großer Trubel dann dort oben, mit Hotels, Gasthöfen, Andenkenständen und recht wenig Platz zum Parken. Dafür werden wir mit einem herrlichen Blick auf die stark vergletscherte Hauptkette der Ortler-Alpen und den obersten Teil der östlichen Kehrengruppe entlohnt. Meist ist es hier oben recht frisch, und oft bläst auch ein strenger Wind, was einen längeren Aufenthalt, zumindest im Freien, nicht empfehlenswert erscheinen läßt. Also beginnen wir die kurze Rückfahrt zur Cantoniera IV a, wo wir die Grenze in die Schweiz überqueren.

Durch das Muraunzatal geht es abwärts, das zwar auch noch recht ursprünglich geblieben ist, sich mit der vorangegangenen Auffahrt durch das Brauliotal freilich nicht annähernd messen kann. Dafür können wir hier 33 Kehren zählen, wovon ein großer Teil sogar unbefestigt ist. Eher ungewöhnlich bei dem sonst allgemein guten Ausbauzustand der Schweizer Alpenpässe, daß noch Naturstraße anzutreffen ist, aber da hier auch Postautos verkehren, ist die Trasse recht gut zu befahren.

Ab dem Gasthaus »Alpenrose« haben wir wieder durchgehend Asphalt unter den Reifen und sehen unter uns bereits die grünen, freundlichen Wiesen des Münstertals. Steil fällt die Straße dann nach Santa Maria, dem Haupttor des Münstertals, ab, und wir müssen scharf abbremsen, um das Stoppschild an der Hauptstraße nicht zu überfahren. So dicht drängen sich an der Kreuzung die Häuser zusammen, daß man beim Abbiegen die Maschine fast mehr abwinkeln muß als in den engen Kehren am Stilfser Joch. Der Einfluß der Unterengadiner Bauweise ist bereits erkennbar, der in den Rundbogenportalen, den tief eingelassenen Fenstern, den Erkern und der Sgraffito-Malerei zum Ausdruck kommt. Hier wird neben deutsch auch italienisch und rätoromanisch gesprochen, dessen Ursprung auf das Lateinische zurückgeht und von kaum mehr als einem Prozent der Schweizer beherrscht wird.

Wir fahren auf mäßig frequentierter, aber gut ausgebauter Straße talaufwärts. Erst im oberen Teil vermitteln vier Kehren etwas Fahrspaß, und wir erreichen mühelos die Paßhöhe. Der Name Ofenpaß/Paß dal Fuorn erinnert an eine frühere Eisenschmelze, die nun einem Restaurant weichen mußte. Ein letzter Blick zurück nach Osten, wo wir in weiter Ferne ganz klein nochmals den Ortler – immerhin mit 3899 Metern der höchste Berg Südtirols – erkennen können, dann führt die Straße mitten hinein in den Schweizer Nationalpark.

Hier, in der nordöstlichsten Ecke des Landes, hat man ein 170 Quadratkilometer großes Naturreservat geschaffen, in dem die gesamte Tier- und Pflanzenwelt voll und ganz ihrer natürlichen Entwicklung überlassen bleibt. Eine besondere Landschaftsdramatik ist allerdings nicht zu erwarten. Ein großer Teil des Parks ist mit Bergföhren, Arven, Lärchen und Fichten bestanden, über denen sich weitgespannte Geröllfelder ausdehnen, die nur ganz oben in nackten Kalkfels übergehen. Es ist eine eher herbe, in sich ruhende Land-

Mitten durch den Schweizer Nationalpark verläuft die Straße über den Ofenpaß.

Breit und wintersicher ausgebaut präsentiert sich der Flüelapaß. Trotzdem verlangen Haarnadelkehren, wie hier im oberen Teil auf der Ostseite, schon gute Beherrschung der Maschine.

schaft, in der sich das grobkörnige Asphaltband unserer Straße bereits wie ein Fremdkörper ausnimmt.

In Punt la Drossa, etwa in der Mitte des Parkgebiets, haben wir die Möglichkeit zu einem Abstecher ins Zollfreigebiet von Livigno. Das »lombardische Tibet«, wie dieses entlegene italienische Hochgebirgstal am Rande der Bernina-Alpen auch genannt wird, bietet Gelegenheit, sich mit erheblich verbilligten Spirituosen, Zigaretten und Benzin einzudecken. Einige Wermutstropfen hat die Sache allerdings: Die Zufahrt durch den Munt-la-Schera-Tunnel ist mautpflichtig, die erlaubte Ausfuhrmenge dieser Waren ist stark begrenzt, und die Schweizer Zöllner kontrollieren äußerst streng.

In Zernez ist nicht nur der Endpunkt der Paßroute erreicht, auch das Nationalparkgebiet liegt hinter uns. Wer noch mehr darüber erfahren möchte, hat im Nationalparkhaus mit Ausstellung und Tonbildschau Gelegenheit dazu.

Wir folgen dem Lauf des Inn, der im Rätoromanischen En genannt wird und seinem Tal, dem Engadin, seinen Namen gegeben hat. Gut 110 Kilometer lang zieht es sich von der österreichischen Grenze bei Vinadi bis hinunter zum Malojapaß und teilt sich dabei in das Ober- und Unterengadin. Wir sind im Unterengadin, das landschaftlich bei weitem nicht mit dem Oberengadin und seinen bekannten Orten Pontresina und St. Moritz mithalten kann.

Wir verlassen es deshalb bald wieder und beginnen in Susch/Süs die Auffahrt zum Flüelapaß, mit der sich diese recht lange Etappe ihrem Ende zuneigt. Noch einmal geht es hinauf in die rauhe Hochgebirgsregion, bis auf fast 2400 Meter. Aber die Straße durch das nahezu unbesiedelte Val Susasca ist gut ausgebaut, sogar wintersicher, und stellt somit kein Hindernis für uns dar. Oben gelingt es auch den beiden kleinen Seen Schottensee und Schwarzsee, die ihr Wasser von den Schneefeldern des Flüela Weißhorns und des Schwarzhorns erhalten, nicht, die öde, unwirtliche Region mit ihren ausgedehnten Geröllfeldern zu beleben.

Da mag man sich ausnahmsweise sogar auf einen mondänen Fremdenverkehrsort wie Davos freuen, wo man sich dafür mit der Suche nach einem freien und zugleich preisgünstigen Zimmer beschäftigen muß. Eine Kombination, die hier nur in Ausnahmefällen anzutreffen ist.

Nur noch wenige Minuten, dann haben die Gewitterwolken im linken Bildteil die Flüela-Paßhöhe erreicht und entladen sich in einem kurzen, aber kräftigen Regenschauer.

11. Abschnitt:
Im Land der Bünde

Davos – Chiavenna

Strecke:
Davos – Schmitten – Surava – Filisur – Bergün – Albulapaß – La Punt – Samedan – Abstecher zum Berninapaß – St. Moritz – Silvaplana – Malojapaß – Bondo – Abstecher nach Sóglio – Castasegna – Chiavenna

Streckenlänge:
120 km

Paßöffnungszeiten:
Der Albulapaß ist nur vom 1. 6. bis 31.10. befahrbar. Mautgebühren werden nicht erhoben.

Karte:
Generalkarte 1 : 200 000, Schweiz, Blatt 3.

Wir sind in Graubünden, dem flächenmäßig größten Kanton der Schweiz, von dessen Namen her man aber nicht etwa auf vorherrschende graue Wetterverhältnisse schließen sollte. Im Gegenteil, Graubünden wirbt für sich als ein richtiges Sonnenland, dessen Hochtäler von den rauhen Winden geschützt und deshalb mild, trocken und staubfrei sind. Die intensive Sonnenbestrahlung in Verbindung mit der Hochlage mancher Orte sorgt für eine trockene, reine Luft, die von den Fremdenverkehrsverbänden als sogenanntes »Champagnerklima« gerühmt wird und neben einer Steigerung der Sauerstoffaufnahmefähigkeit des Körpers zu einer Anregung des Kreislaufs führen soll. Davos, Arosa oder St. Moritz etwa sind weltbekannte Luftkurorte, deren Heilwirkung schon vor 100 Jahren erkannt wurde. Regen fällt allerdings auch in Graubünden, an etwa 80 Tagen im Jahr, aber nur selten ziehen sich die Niederschläge über längere Zeit hin.

Zurück zur Namensgebung, die auf das 14. Jahrhundert zurückgeht. Als Grenzland zu Österreich und Italien war Graubünden naturgemäß von feindlichen Übergriffen bedroht. Die verschiedenen Talschaften dieser Region schlossen sich deshalb zu sogenannten Bünden zusammen, weshalb dieser Teil der Schweiz auch heute noch Bündnerland genannt wird. Es gab den »Gottesbund«, den »Zehngerichtebund« und den »Grauen Bund«. Als der Druck von außen her immer größer wurde, vereinigten sich diese drei Bünde zu einem richtigen Staatenbund, wobei sich der »Graue Bund« offensichtlich am meisten einpräge und dem Kanton später den Namen gab. Graubünden ist heute ein bekanntes und beliebtes Reiseland mit einer Vielzahl von Naturschönheiten, von denen wir auf unserer Reise einen Teil kennenlernen werden.

Davos hat im allgemeinen einen höheren Bekanntheitsgrad als Chur, die Hauptstadt Graubündens. Vor allem die schier unerschöpflichen Wintersportmöglichkeiten haben den Ort berühmt gemacht. Fünf große Skigebiete mit fast 40 Bergbahnen und über 300 Kilometern Piste lassen selbst den verwöhntesten Skifahrer auf seine Kosten kommen. Im Sommer ist es etwas ruhiger in Davos, wenngleich man sich auch dann schwertun wird, kurzfristig ein Zimmer zu bekommen, und möglicherweise in die Außenbezirke ausweichen muß. Das schadet aber nichts, denn besonders schön oder attraktiv ist das Ortsbild von Davos mit seinen modernen Betonbauten und eleganten Geschäften ohnehin nicht. Es ist hier nicht gelungen oder war gar nicht erst gewollt, etwas von der alten Bausubstanz zu übernehmen, und so blieb von den alten Walserhäusern – Holzhäuser, die im sogenannten Strickbau, also mit an den Ecken miteinander verzahnten Holzbalken, errichtet wurden – kaum noch etwas übrig. Einige Bauwerke heben sich dann aber doch ab, wie etwa die Kirche St. Johann in Davos-Platz mit ihrem merkwürdig »geschraubten«, spitzen Turmhelm. Diese Form war nicht etwa geplant oder ein Baufehler, sondern durch die großen Temperaturgegensätze beim Bau traten in der inneren Holzkonstruktion Verspannungen auf, die diese Drehung verursachten. Sehenswert ist auch das Bergkirchlein in Davos-Frauenkirch aus dem 15. Jahrhundert, dessen bergseitige Wand als Lawinenbrecher konstruiert wurde.

Wir kommen dort vorbei, wenn wir ins Landwassertal einbiegen, dem wir bis zur Abzweigung zum Albulapaß bei Surava folgen. Wir könnten freilich auch die wenigen Kilometer bis Tiefencastel weiterfahren und dort den Julierpaß für die Rückfahrt ins Engadin wählen, aber unsere Variante ist interessanter,

11. Abschnitt

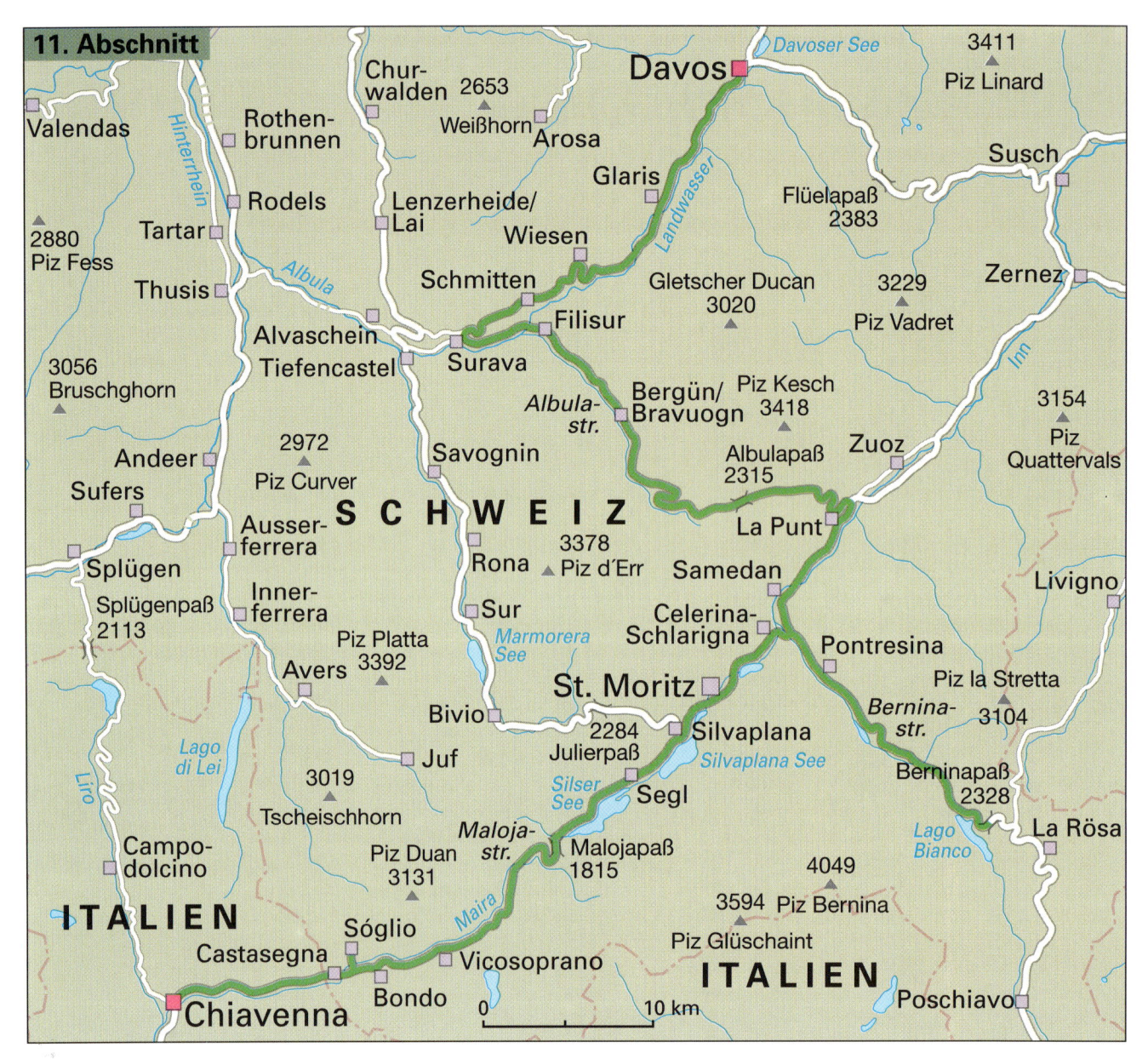

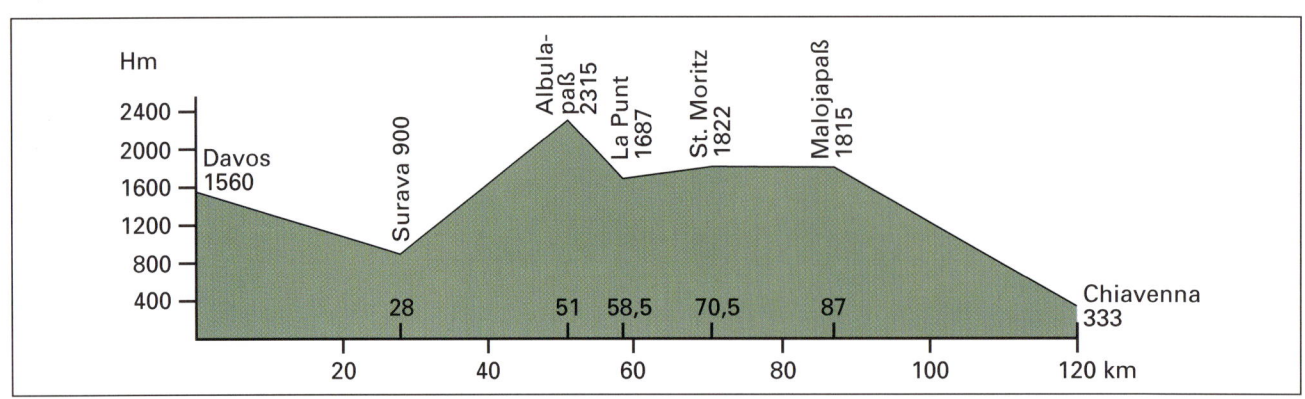

Map locations:
- Valendas, Rothenbrunnen, Churwalden 2653, Davos, Davoser See, 3411 Piz Linard
- Tartar, 2880 Piz Fess, Rodels, Weißhorn, Arosa, Glaris, Flüelapaß 2383, Susch
- Thusis, Hinterrhein, Lenzerheide/Lai, Wiesen, Landwasser, Zernez
- Alvaschein, Albula, Schmitten, Filisur, Gletscher Ducan 3020, 3229 Piz Vadret
- 3056 Bruschghorn, Tiefencastel, Surava, Albulastr., Bergün/Bravuogn, Piz Kesch 3418
- Andeer, 2972 Piz Curver, Savognin, Albulapaß 2315, Zuoz, 3154 Piz Quattervals
- Sufers, Ausserferrera, **SCHWEIZ**, Rona, 3378 Piz d'Err, La Punt, Inn
- Splügen, Splügenpaß 2113, Innerferrera, Sur, Samedan, Livigno
- Piz Platta 3392, Marmorera See, Celerina-Schlarigna, Pontresina
- Avers, Bivio, St. Moritz, Silvaplana, Piz la Stretta 3104, Berninastr.
- Lago di Lei, Juf, 2284 Julierpaß, Silvaplana See, Berninapaß 2328
- Liro, 3019 Tscheischhorn, Silser See, Segl, Lago Bianco, La Rösa
- Campodolcino, Piz Duan 3131, Malojastr., Malojapaß 1815, 4049 Piz Bernina, 3594
- **ITALIEN**, Sóglio, Maira, Piz Glüschaint, **ITALIEN**
- Castasegna, Vicosoprano, Bondo, Poschiavo
- Chiavenna

0 10 km

Elevation profile:

Hm
- Davos 1560
- Surava 900 (28)
- Albulapaß 2315 (51)
- La Punt 1687 (58,5)
- St. Moritz 1822 (70,5)
- Malojapaß 1815 (87)
- Chiavenna 333

Y-axis: 400, 800, 1200, 1600, 2000, 2400
X-axis: 20, 40, 60, 80, 100, 120 km

Der Kirchturm von Schmitten im Landwassertal, auf dem Weg von Davos zum Albulapaß.

landschaftlich schöner und vor allem viel weniger befahren. In Filisur, der ersten größeren Ortschaft am Paßbeginn, fällt uns sofort der Wechsel im Baustil auf. Es sind klotzige, groß gemauerte Häuser mit Erkern, kleinen Fenstern und Rundbogeneingängen, die dichtgedrängt entlang der Hauptstraße stehen. Die Holztüren sind meist kunstvoll geschnitzt und die mit Gittern verkleideten Fenster mit Blumen geschmückt. Am auffälligsten aber ist die Sgraffito-Malerei an den Fassaden, eine ursprünglich aus Italien stammende Technik, bei der Muster in die noch feuchte helle Mörtelschicht geritzt werden, so daß die darunterliegende dunkle Schicht zum Vorschein kommt.

Nur langsam steigt das Tal hinter Filisur an, und plötzlich drängt sich nackter Fels an die Fahrbahn. Das Tal verengt sich zur Klamm, der Fels wölbt sich über die Straße, während die Albula sich gut 100 Meter tiefer einen schmalen Durchgang geschaffen hat. Wir sollten nicht versäumen anzuhalten, um einen Blick auf den weißschäumenden Wildbach zu werfen, was durch eine hüfthohe Mauer als Randsicherung gefahrlos möglich ist. Nur kurz ist diese Verengung, gleich machen die Felswände wieder Platz, und eine vor uns liegende Steilstufe wird über eine Kehrengruppe überwunden. Wer dabei im Wald neben der Straße ein schrilles Pfeifen oder mächtiges Schnaufen vernimmt – das ist die Rätische Bahn, die diesen bautechnisch schwierigen Abschnitt über zahlreiche Brücken und vier Kehrentunnels recht mühevoll überwindet.

In Bergün verschwindet sie in einem Tunnel, während wir uns langsam in hochgebirgigere Regionen vorarbeiten. Vorbei am kleinen, stimmungsvollen Palpuognasee, in dessen Nähe die Albula entspringt, wird die Umgebung immer trostloser und öder, und bald sind wir nur noch von riesigen Felsbrocken umgeben. Val di Diavel, Teufelstal heißt dieser Abschnitt treffend, dessen Gestalt von einem gewaltigen Bergsturz von den Hängen des Piz de las Blais herrührt. Auf der Paßhöhe dann neben dem Restaurant wieder Almmatten, auf denen Kühe weiden. Die Abfahrt über die Ostseite hinunter ins Engadin ist mit knapp 10 Kilometern und neun Kehren recht kurz, dafür aber gut ausgebaut. Nur auf den Bahnübergang am Ende der Paßroute in La Punt sei ausdrücklich hingewiesen. Die Schienen gleichen eher einer Sprungschanze, und jeder, der hier schneller als Schrittgeschwindigkeit fährt, läuft Gefahr abzuheben.

Wir sind im Oberengadin, das sich im Gegensatz zum Unterengadin weit, hell und freundlich zeigt. Dafür gibt es im Unterengadin die besseren Engadiner Nußtorten, eine

83

Ein spektakuläres Naturschauspiel bietet diese Talverengung auf der Westseite des Albulapasses: die Bergüner Klamm.

Das Engadin ist bekannt für seine gute Küche, wovon sich diese Gruppe Münchner Motorradfahrer offenbar gerade überzeugt.

Von den drei Innerschweizer Zufahrten ins Engadin ist die über den Albulapaß zweifellos die schönste.

Köstlichkeit aus Karamel, Walnüssen und Kuchenteig, deren Geschmack nur von der Anzahl der Kalorien übertroffen wird. Aber auch die Oberengadiner Nußtorten sind nicht schlecht, und eine Kostprobe sollten wir schon wagen. Vielleicht in St. Moritz, wo man das Ambiente eines Treffpunkts der internationalen Gesellschaft kostenlos dazubekommt. Der in sonniger Lage am Westufer des St. Moritzer See gelegene Ort gilt als Geburtsstätte des Wintersports und des Wintertourismus überhaupt, wenn seine Karriere auch ursprünglich als Heilbad begann. Schon zur

Bronzezeit, also vor gut 3000 Jahren, soll es hier eine heilige Quelle gegeben haben, und im »Engadiner Museum« steht eine hölzerne Quellfassung aus 700 bis 800 Jahre alten Lärchen. Schon Paracelsus lobte das Wasser, und der Arzt Antonio Perigavano verordnete Kurgästen im Jahre 1674, jeden Tag einen Liter mehr von dem Quellwasser zu trinken, bis zum zehnten Tag, und dann wieder jeweils einen Liter weniger bis zum 20. Tag. Welche Auswirkungen diese Roßkur gehabt hat, ist allerdings nicht überliefert.

Der St. Moritzer See ist der erste von drei Seen – den kleinen Champfèrersee, der vom Silvaplanasee durch einen Schwemmkegel getrennt ist, nicht mitgerechnet –, die als Oberengadiner Seenlandschaft zu den schönsten der ganzen Alpen zählt. Der beeindruckendste ist wohl der Silvaplanasee, in dessen Wasser sich die großartige Bergwelt um den Piz Corvatsch spiegelt. Der dritte und letzte, der Silser See, ist dafür mit etwa 5 Kilometern Länge der größte. An seiner Südspitze treffen wir dann plötzlich auf ein Schild mit der Aufschrift »Malojapaß«. Wir wundern uns, denn eine Paßauffahrt war hier nirgends zu bemerken. Aber der Malojapaß ist eine topographische Besonderheit: Er hat nämlich nur eine Paßrampe. Und die senkt sich über eine enge Kehrengruppe auch gleich steil hinunter ins Val Bregaglia, besser bekannt als Bergell.

Man meint, in einer anderen Welt zu sein. Keine helle, freundliche Landschaft mit gepflegten Ortschaften mehr, sondern wildwuchernder, von Felsbrocken durchsetzter Wald, über dem sich düster und drohend grauer Granitfels erhebt. Schon typisch italienisch die Dörfer und Weiler, und auch die Sprache ist bereits italienisch, weist in ihrer Mundart aber sowohl rätoromanische als auch lombardische Elemente auf.

Die Grenze nach Italien überfahren wir erst in Castasegna, aber wir sollten das Bergell nicht verlassen, ohne einige Kilometer vorher, in Bondo, noch einen Abstecher nach Sóglio zu unternehmen. Der Maler Giovanni Segantina nannte das Dorf einmal »la soglia del Paradiso«, die Schwelle zum Paradies, und meinte damit sicher den Blick von dort oben auf die hinreißend schöne Bergeller Bergwelt gegenüber.

Dieses Bild verdeutlicht, warum die Oberengadiner Seenlandschaft – hier mit dem Silser See und dem Piz Corvatsch – zu den schönsten Landschaften der Alpen zählt.

Am Westufer des Silser Sees, der zusammen mit dem St. Moritzer See und dem Silvaplanasee die Oberengadiner Seenlandschaft bildet.

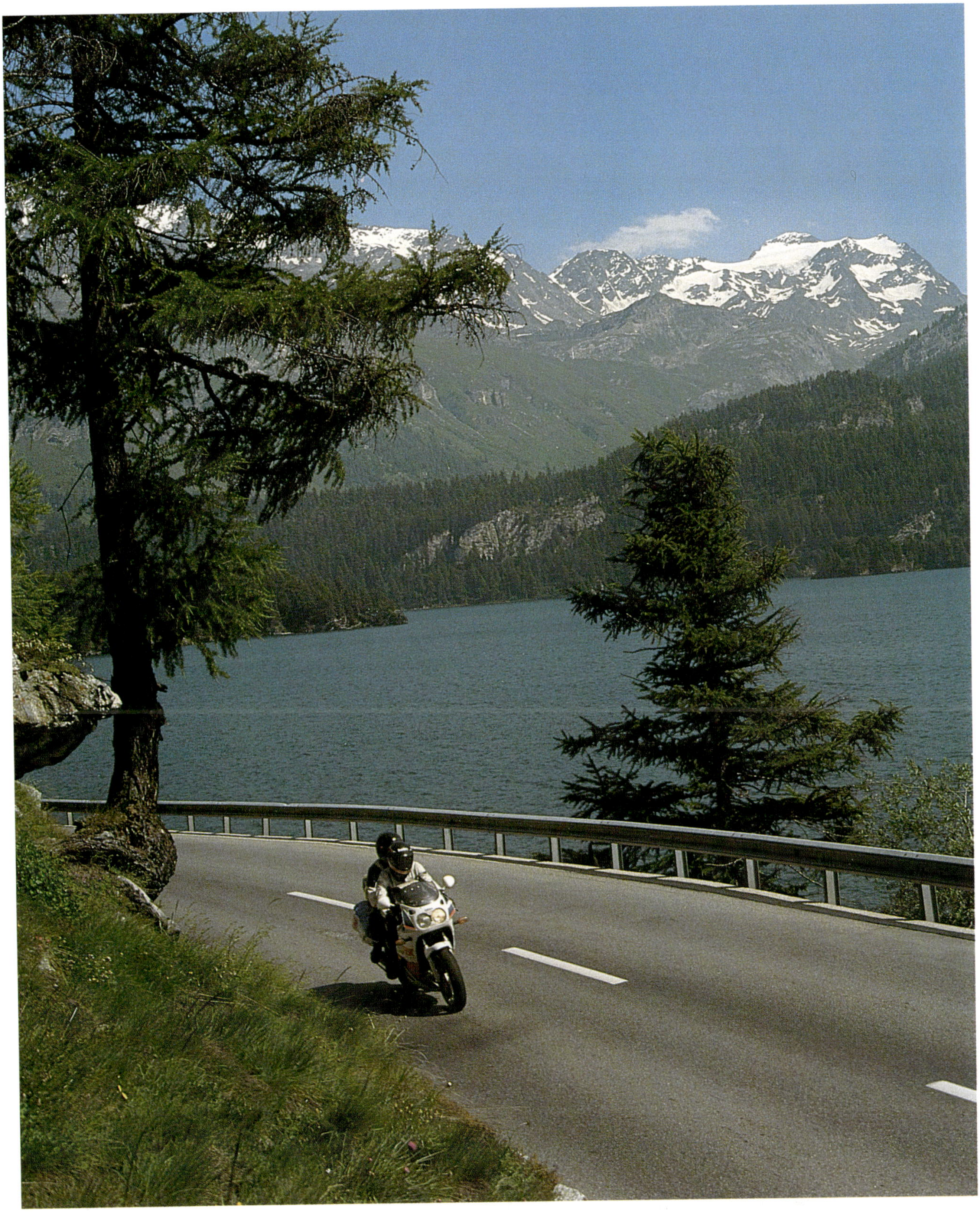

12. Abschnitt:
Von den oberitalienischen Seen ins Tessin

Chiavenna – Bellinzona

Strecke:
**Chiavenna –
Lago di Mezzola –
Ponte del Passo –
Sórico –
Menággio –
Porlezza –
Oria –
Lugano –
Monte Céneri –
Locarno –
Bellinzona**

Streckenlänge:
139 km

Paßöffnungszeiten:
Die Paßstraßen sind ganzjährig befahrbar. Mautgebühren werden nicht erhoben.

Karte:
**Generalkarte
1 : 200 000, Schweiz,
Blatt 4 oder Blatt
Oberitalienische Seen.**

Subtropische Vegetation, mediterranes Klima und ausgedehnte Bademöglichkeiten in warmen Seen sind sicherlich nicht gerade Begriffe, die man mit den Alpen verbindet. Und dennoch findet man solche Bedingungen bei der oberitalienischen Seenplatte, die sich eingekeilt zwischen den Piemonter, Tessiner und Bergamasker Alpen mitten in den Südalpen befindet.

Genaugenommen war diese gegensätzliche Konstellation von Alpen und Badeseen erst für das Zustandekommen der Seen verantwortlich. Die eiszeitlichen Gletscher, die von den Alpen nach Süden schoben, schufen die langgestreckten Becken, die sich später mit Wasser füllten, während die hohen Berge als Schutzschild vor den rauhen Nordwinden für ein mildes Klima sorgten. Und wer sich unter dem Begriff »oberitalienische Seenplatte« nichts Rechtes vorstellen kann: Gemeint sind der Comer See, der Luganer See und der Lago Maggiore.

Noch aber sind wir in Chiavenna, dessen Name – »chiave« = Schlüssel – wohl die strategisch günstige Lage ausdrücken soll, die diese Stadt am Fuße der Alpenpässe Maloja und Splügen, zu denen früher noch der Septimer hinzukam, einmal hatte. Die Schroffheit der Berge ringsum läßt vom mediterranen Flair noch nichts ahnen, aber schon nach wenigen Kilometern weitet sich das Tal, die Sicht wird freier, und wenn auch noch verlassene Granitbrüche neben der Straße zu erkennen sind, nimmt der südliche Eindruck langsam, aber stetig zu.

Wir folgen der Mera, die sich plötzlich in einen See ergießt, aber es ist nur der Lago di Mezzola, ein reizloser Binnensee mit verschilften Ufern, der wegen seines Fischreichtums gerne von Anglern besucht wird. Schnurgerade zieht sich die Straße durch eine landwirtschaftlich genutzte Tiefebene, dann überqueren wir die Mera, die den Lago di Mezzola wieder verlassen hat, um bei Sórico endgültig in den Comer See zu münden.

Wir sind an der Nordspitze des nach dem Gardasee und dem Lago Maggiore drittgrößten aller italienischen Seen, der bei den Römern »Lacus Larius« hieß und manchmal auch heute noch »Lario« genannt wird. Er gilt als schönster der oberitalienischen Seen, und wer einmal auf der Uferpromenade in Como zwischen Pinien, Zypressen, Rhododendren und Ölbäumen von einer Parkbank aus über den Wasserspiegel auf die schneebedeckten Zweitausender im Norden geblickt hat, mag dies durchaus nachvollziehen können. Hier im Nordteil ist davon allerdings noch wenig zu bemerken, subtropische Vegetation fehlt fast ganz, und Laub- und Nadelwälder prägen ein eher karges Landschaftsbild.

Noch spielt der Fremdenverkehr keine übergeordnete Rolle. Die kleinen Orte und reizvollen alten Städte, die wir entlang des oberen Westufers berühren, heißen den Gast zwar willkommen, umwerben ihn aber nicht aufdringlich. Ruhig ist es dennoch nicht, die lebhafte Betriebsamkeit verlangt ständige Aufmerksamkeit.

Je weiter westlich wir kommen, desto schöner wird die Landschaft, die sich im Mittelteil langsam zu verschwenderischer Pracht ausweitet. Etwa hinter Achuaseria beginnt der berühmte Küstenabschnitt der »Tremazzina«, ein von Natur und Klima besonders begünstigter Teil, wo der Gomer See seinen ganzen Zauber entfaltet. »Azaleenriviera« wird dieser Mittelteil auch genannt, denn die von Azaleen und Rhododendren im Frühjahr entfaltete Blütenpracht ist einfach überwältigend. Franz Liszt, der hier mehrere Wochen verbrachte, meinte sogar emphatisch: »Ich kenne keine Gegend, die so wie diese sichtlich vom Himmel gesegnet ist.« Schade nur, daß wir nicht die Zeit von

Enge Ortsdurchfahrten wie diese in der schweizerisch-italienischen Grenzstadt Castasegna gibt es im Bergell mehrere.

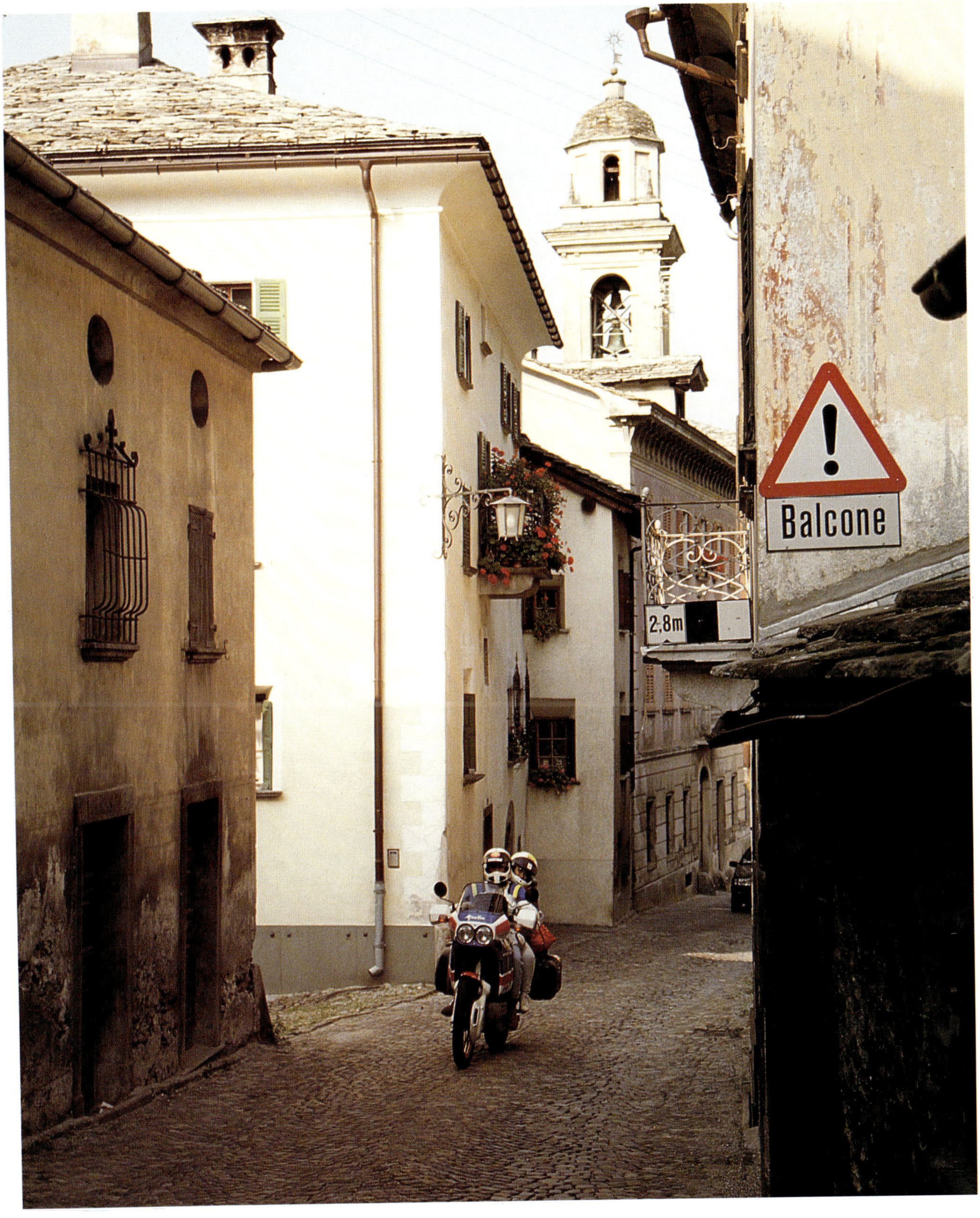
Balcone
2,8m

Franz Liszt haben und den See genau hier, wo er am schönsten ist, wieder verlassen müssen.

In Menággio, der größten Ortschaft im Mittelteil des Comer Sees, zweigt nämlich die Bergstraße durch das Val Menággio zum Luganer See ab. Es ist die am besten ausgebaute und kürzeste Verbindung dort hinüber. Dennoch wird es eine Zeitlang dauern, bis wir uns in der engen, verbauten Stadt, dessen Ortsdurchfahrt sogar eine Ampel regelt, bis zur Abzweigung vorgearbeitet haben. Dann geht es über einige Kehren, die leider keine Rückblicke auf den See zulassen, nach oben und recht geradlinig wieder abwärts bis Porlezza an der Ostspitze des Luganer Sees.

Der »Il Cerioso«, wie er auch kurz genannt wird, ist der kleinste der drei Seen, recht eigenwillig geformt und liegt zu etwa zwei Dritteln bereits in der Schweiz. Noch sind wir in Italien und folgen dem am weitesten nach Westen vordringenden Seearm an dessen Nordufer. Steil fallen die Berghänge hier zum Ufer ab, lassen wenig Platz für die Straße, und auch der See läßt nicht allzuviel von sich sehen. Durch die Steilufer ist er recht unzugänglich, und wenn sich irgendwo eine Lücke auftut, ist diese mit Sicherheit verbaut und in Privatbesitz.

Bei Oria wechseln wir durch einen langen Tunnel in die Schweiz über, und der Kanton Tessin empfängt uns mit einer fürchterlich verbauten Großstadt. Vom alten Lugano, das ein Dichter im Jahre 1840 einmal als »schönstes Städtchen des Landes« bezeichnete, scheint nichts mehr übriggeblieben zu sein. Es ist ein Konglomerat von Hotels, Banken, Hochhäusern und Wohnblocks zu Füßen des Monte Brè, einem ehemals bewaldeten Bergkegel, der nunmehr fast gänzlich mit Villen, Appartementhäusern und Hotelkomplexen besetzt ist. Es ist eines der schlimmsten Beispiele moderner oder besser rücksichtsloser Zersiedelung, wie man es in der eher konservativen Schweiz eigentlich nicht vermuten möchte. Trotzdem, von den Hauptstädten der oberitalienischen Seen soll Lugano die

Die Altstadt von Chiavenna läßt noch nichts von dem mediterranen Flair erahnen, das sich mit der Oberitalienischen Seenplatte bei der Weiterfahrt schon bald eröffnet.

12. Abschnitt

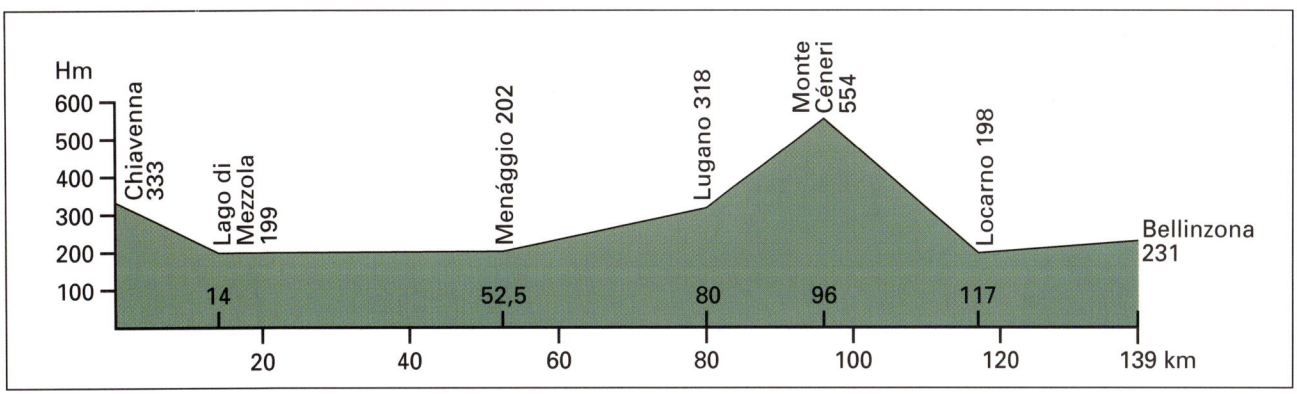

Map

SCHWEIZ

Sonogno, Biasca, Rossa, Mesoco, Campodolcino
Brione-Verzasca, Lostallo, Chiavenna
Cresciano
Grono
Castione
Avegno, Lago di Vogorno, Moésa, L. di Mezzola
Minúsio, **Bellinzona**, Sórico
Ascona, Locarno, Pianezzo, Gravedona, Ponte del Passo
554 Mt. Céneri, 2228 Camoghè, Delèbio
1967 M. Tamaro, Birònico, **ITALIEN**
Pino, Tremenico
Giona, Lamone, Porlezza, Bellano, Premana
Maccagna, Oria, Menággio, Taceno, Cortenova
Luino, Lugano, L. di Lugano, Tremezzo, Pioverna
Pte. Tresa, Lanzo d'Intelvi
Bissone, Argegno

0 — 10 km

Elevation profile

Location	Elevation (Hm)	km
Chiavenna	333	0
Lago di Mezzola	199	14
Menággio	202	52,5
Lugano	318	80
Monte Céneri	554	96
Locarno	198	117
Bellinzona	231	139

schönste Lage haben, und wenn auch die Straßen überfüllt und die Parkplätze rar sind, die Uferpromenade sollte man schon besuchen, um sich von dort einen eigenen Eindruck zu verschaffen.

Como haben wir leider nicht gesehen, es lag zu weit abseits von unserer Route, aber Locarno, die Hauptstadt des dritten und vielleicht bekanntesten Sees dieser Region, des Lago Maggiore, können wir noch aufsuchen. Es ist kein allzugroßer Umweg von unserem Etappenziel Bellinzona, wir können in der Schweiz bleiben und uns nach den Kehren der Schnellstraße über den Monte Céneri einfach für die Abzweigung nach Locarno entscheiden.

Auch hier erwartet uns ein Häusermeer, das mit Lugano den Konkurrenzkampf aufnehmen kann, dennoch hat Locarno einen entscheidenden Vorteil für sich zu verbuchen: Es ist von den Nord- und Ostwinden besser geschützt und weist so ein noch milderes Klima auf, wozu auch der temperaturbewahrende Einfluß der großen Wasserfläche beiträgt. Schon im Januar, wenn bei uns noch Frost oder regennasse Kälte den Aufenthalt im Freien und gar auf zwei Rädern undenkbar erscheinen lassen, blühen hier Christrosen, im Februar folgen bereits Forsythien und Mimosen; im März blühen dann Magnolien, Ginster und Pfirsichbäume, und das Thermometer steigt bis auf 20 Grad. Dafür können die Sommermonate subtropisch warm und mit gewaltigen, oft tagelangen Gewittern durchsetzt sein. Schutz bietet dann die Piazza Grande mit ihren Arkaden und Laubengängen, in denen Geschäfte, Cafés und Restaurants untergebracht sind. Als Spezialität kann der »Tessiner Teller«, auch »Piatto freddo« genannt, empfohlen werden: saftig-rosa Schinken mit dunkelrot-rauchigem Bündnerfleisch und hauchdünnen Salamischeiben.

So gestärkt, ist es durch die Magadine-Ebene fast nur noch ein Katzensprung bis Bellinzona, der Kantonshauptstadt. Es ist keine besonders große und auch keine besonders schöne Stadt, aber sie konnte sich trotz Industrieansiedlungen in den Außenbezirken ihren historischen Kern bewahren. Alle Verbindungswege, die über Gotthard, Lukmanier und San Bernardino nach Italien führen, mußten die Talenge bei Bellinzona passieren, was dieser strategisch wichtigen Pforte gleich drei Burgen bescherte. Für uns ist Bellinzona das Tor zurück in rauhere Alpenregionen, das es uns hier mit dem nördlichen Tessin, dem Sopraceneri, aufschließt.

Auch wenn die Uferstraßen wenig von der Schönheit des Lago Maggiore offenbaren, blühen hier bereits im Februar Forsythien und Mimosen, und im März steigt das Thermometer oft bis auf 20 Grad.

13. Abschnitt:
Durch das »Tal des Zitterns«

Bellinzona – Gletsch

Strecke:
**Bellinzona –
Biasca –
Airolo –
Abstecher zum
Nufenenpaß –
St.-Gotthard-Paß –
Hospental –
Realp –
Furkapaß –
Gletsch**

**Streckenlänge:
107 km**

**Paßöffnungszeiten:
Der Nufenenpaß ist nur vom 1.7. bis 31.10. befahrbar. Die St.-Gotthard-Paßstraße nur vom 15.5. bis 15.11. Die alte Straße durch das Val Tremola unterliegt zeitweiligen Sperrungen. Die Furka-Paßstraße ist nur vom 1.6. bis 31.10. befahrbar. Mautgebühren werden nicht erhoben.**

**Karte:
Generalkarte
1 : 200 000, Schweiz,
Blatt 3 und 4.**

Schon bald, nachdem wir Bellinzona verlassen haben, erinnert nichts mehr an die mediterrane Milde und die Blumenpracht der sonnenüberfluteten Seenlandschaft, aus der wir kommen. Bedrohlich drängen sich bis zu 2000 Meter hohe Felswände aus Granit und Gneis an den nicht minder steinigen und harten Talboden, und so viel man auch rätselt, man findet keine vernünftige Erklärung, wieso dieses Teilstück bis Biasca als »Riviera« bezeichnet wird.

Auch hinter Biasca ändert sich der alpine Charakter des Tals nicht, trägt aber die unverfängliche Bezeichnung »Leventina«. In drei Steilstufen steigt das Tal nun fast treppenartig auf den nächsten 36 Kilometern bis Airolo an und überwindet dabei mehr als 800 Höhenmeter, wovon wir aber so gut wie nichts merken, wenn wir auf der neu gebauten Autobahn bleiben. Schöner ist es aber, die alte Gotthardstraße zu benutzen, die wir fast für uns alleine haben.

Hier lassen die alten Dörfer mit ihren aus grauen Granitsteinen erbauten Häusern noch etwas von der düsteren Romantik wach werden, die einst geherrscht haben muß, als nur ein besserer Saumpfad durch das Tal führte. Die Kirche San Nicola in Giornico, im strengen lombardischen Stil der benediktinischen Gründungen erbaut, gilt als bedeutendstes romanisches Bauwerk des Tessin. Interessant auch der Altoturm in der Dorfmitte, als Rest einer mittelalterlichen Burganlage, hinter der noch der alte Gotthardweg vorbeiführt. Hier liegt auch die Casa Stanga, einst eine Taverne, an deren Fassade mehr als 50 Wappen der

Nur wenige Tage vor der Aufnahme des Bildes ist dieser Felssturz auf der alten Südrampe des Gotthardpasses durch das Val Tremola (»Tal des Zitterns«) abgegangen.

13. Abschnitt

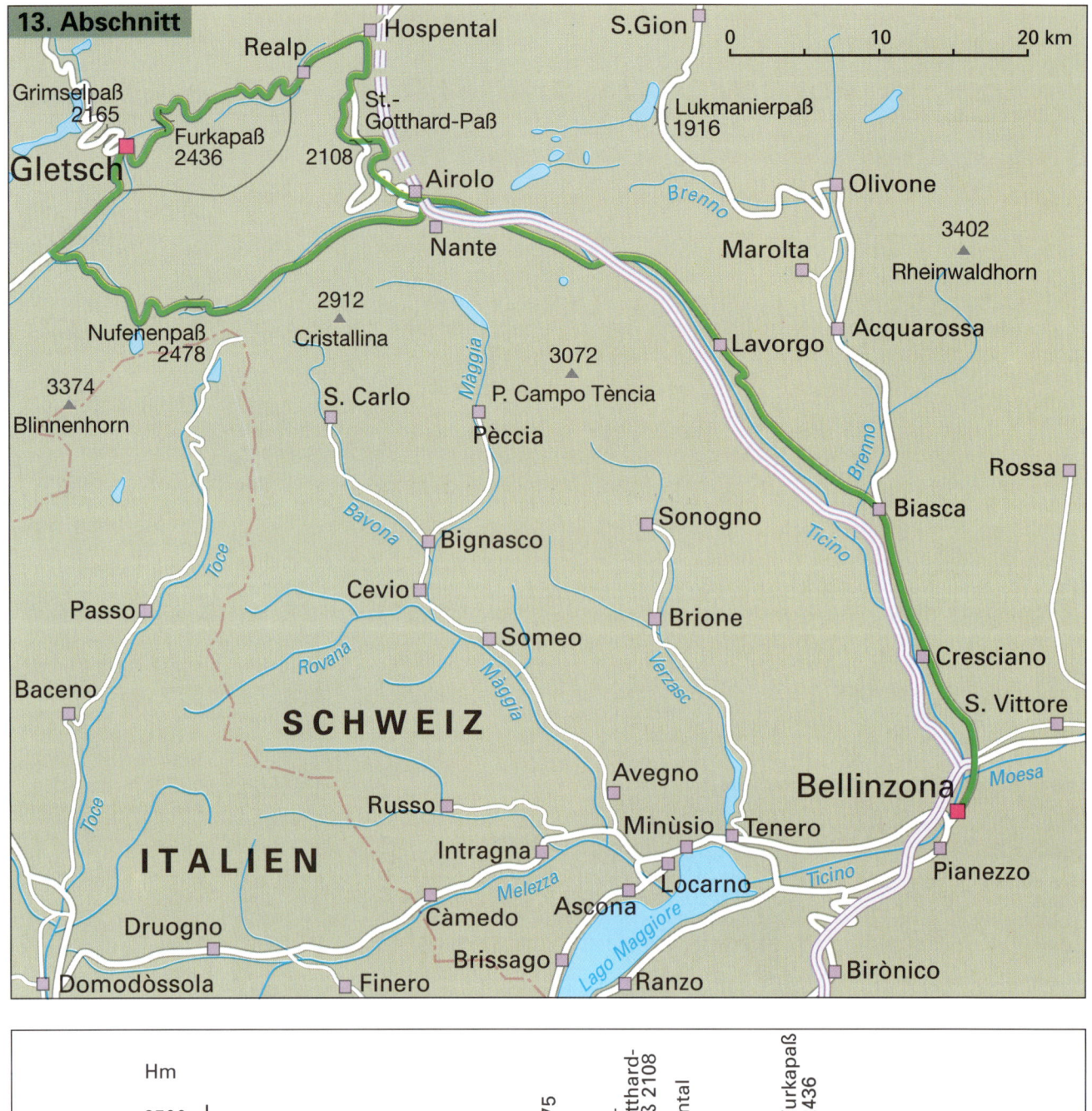

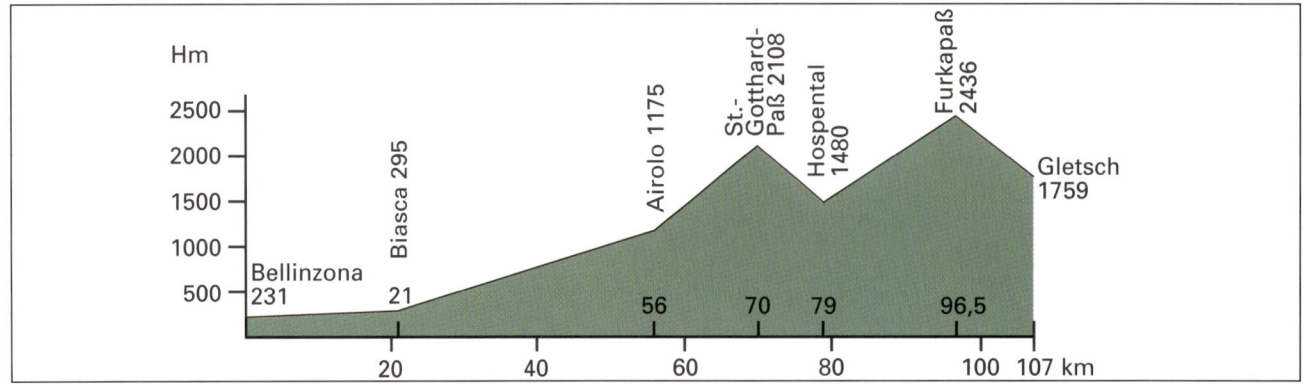

Wie sich die Art der Personenbeförderung geändert hat, zeigt dieses Bild. Heute verkehrt die Postkutsche auf der alten Gotthard-Paßstraße nur noch aus Gründen der Fremdenverkehrswerbung.

hier einkehrenden berühmten Reisenden gemalt sind und das seit 1972 das »Museo di Leventina« mit historischen Kostümen, Waffen und Münzen des Tessin beherbergt.

Etwas später überwinden wir über zwei weite Schleifen die Biaschinaschlucht direkt unter zwei mehr als 180 Meter hoch aufstrebenden Pfeilern der Autobahn und sind in der mittleren Talstufe. Faido ist der Hauptort, einst ein wichtiger Umschlagplatz und Sitz der Podesta, der Domherren von Mailand.

Jetzt ist es ruhiger in Faido geworden, und wir können ungestört das schönste Haus des Dorfes bewundern. Es ist die Casa di Legno, direkt an der Hauptstraße, ein geschwärzter Holzstrickbau auf gemauertem Erdgeschoß, wie er für die Bauweise der Leventina Ende des 16. Jahrhunderts typisch war. Das Gebäude datiert aus dem Jahre 1582.

Über die Piottina-Schlucht gelangen wir in die dritte Talstufe. »Dazio Grande« wird dieser Steilabbruch auch genannt, nach einem

95

Zoll, der hier einst zur Instandhaltung des Durchgangs erhoben wurde. Das alte Zollgebäude neben der Straße ist noch zu sehen.

Dann weitet sich das Tal, Ackerbau und Viehzucht werden betrieben und auch Wein angebaut, der hier in Pergolen wächst, die von Granitpfosten abgestützt sind. Wer das Tal von oben sehen möchte, kann von Piotta mit einer Seilbahn nach Piora hinauffahren. Das ist allerdings nur Schwindelfreien zu empfehlen, denn mit einer Steigung von 87 % ist es die steilste Seilbahn der Schweiz.

Über die Stalvedro-Schlucht verlassen wir die Leventina und sind in Airolo, einem lebhaften Verkehrsknotenpunkt am Fuße des Gotthard-Massivs. Für Benutzer der Autobahn ist hier die letzte Möglichkeit, diese zu verlassen, denn gleich darauf verschwindet sie im St.-Gotthard-Straßentunnel, um erst in Göschenen wieder zutage zu treten.

Wir aber wollen nicht unter dem Gotthard hindurch, sondern über diesen hinweg, und zwar auf einer Route, die lange als eine der gefürchtetsten und abenteuerlichsten in den Alpen galt. Gemeint ist die alte Straße über die Südrampe des Gotthardpasses durch das kurze, aber scharf eingeschnittene Val Tremola, dessen Name etwa mit »Tal des Zitterns« übersetzt werden kann. Um diese Bezeichnung besser zu verstehen, müßte man sich freilich mindestens ein Jahrhundert zurückversetzen können, als das Gotthard-Massiv noch nicht regelrecht verbaut und von einem verwirrenden Straßennetz durchzogen, sondern eine wirklich weltabgeschiedene Region war. Fast alle Unfälle ereigneten sich im Winter durch Lawinen, dennoch wird man sich eines gewissen Kribbelns nicht erwehren können, wenn man der versteckt angebrachten Beschilderung »Val Tremola« folgt. Gefährlich ist es eigentlich nicht, Engstellen oder Steilabbrüche sind nicht vorhanden, die 46 Kehren ziehen sich in angenehmer Steigung an den Berghängen empor, vom Verkehr bleibt man verschont, und auch das Kopfsteinpflaster des Straßenbelags stellt sich nicht als allzu störend heraus.

Bei Nebel oder schlechter Sicht sollte diese Strecke dennoch gemieden werden, und auch bei Regen sollte man auf die neugebaute Trasse ausweichen, die diesen Abschnitt am gegenüberliegenden Berghang in zwölf Kehren, durch mehrere Tunnels und Galerien gut geschützt, umgeht. Dann schießt das Wasser nämlich aus den Geröllfeldern am Straßenrand fast ungehindert in Sturzbächen über die Fahrbahn, und nirgendwo bietet ein Baum, ein Strauch oder eine verfallene Hütte Unterschlupf. Unter diesen Umständen ist man heilfroh, wenn man das Hospiz auf der

Die Nufenen-Paßhöhe ist die einzige direkte Verbindungsstrecke vom Tessin ins Wallis. Mit ihren 2478 m Höhe bildet sie zudem den höchsten Innerschweizer Paßübergang.

Paßhöhe erreicht hat, die nassen Kleider trocknen und die klammen Finger wärmen kann. Vielleicht versteht man dann die Zeilen, die der Schweizer Schriftsteller Hans Jakob Faesch (1638–1706) Mitte des 17. Jahrhunderts über diesen Ort geschrieben hat, besser: »Auff Mitten des Godthardtes ist ein einzig Hauß, der Hospital genant, allwo untervor eine Capelle ist, darinnen die auff dem Godthardt erfrone Leüthen gestelt werdten«.

Erfrieren muß am Gotthard freilich keiner mehr, dafür sorgen die neu gebauten Gasthäuser. Die Abfahrt über die Nordrampe hinunter nach Hospental ins Urserental ist breit, gut ausgebaut und somit problemlos.

Wer sich die Fahrt über den Gotthard aber ganz sparen und die Strecke zudem noch erheblich abkürzen will, kann von Airolo über den Nufenenpaß direkt ins Wallis überwechseln. Der Nufenenpaß ist die einzige direkte Verbindung vom Tessin ins Wallis und mit 2478 Metern Höhe zudem der höchste Innerschweizer, also gänzlich in der Schweiz gelegene Paßübergang. Fast stufenlos führt die zwischen 1966 und 1969 neu gebaute Straße durch das Val Bedretto und steigt erst im oberen Teil über neun Kehren stärker an. Von der Paßhöhe hat man einen herrlichen Blick auf die Bergriesen der Berner Alpen im Nordwesten. Eine Alternative ist die Strecke aber nur im recht kurzen Zeitraum zwischen Anfang Juli und Ende Oktober, ansonsten ist der Übergang nämlich gesperrt. Bedretto leitet sich zwar vom lombardischen Wort für »bedra« = Birke ab, die jedoch hier kaum noch wächst. Rücksichtslose Abholzung vor allem in der ersten Hälfte des vorigen Jahrhunderts verwandelte die Berghänge in wahre Lawinenstriche, von denen gerade noch die Orte durch starke Mauern, Aufforstung und Lawinenverbauungen geschützt werden können.

Entscheidet man sich für diese Strecke, versäumt man zudem die Fahrt über den Furkapaß, der als eine der beliebtesten Motorradstrecken in der Zentralschweiz gilt. Meist wird sie im Rahmen einer Vier-Pässe-Runde zusammen mit Grimsel, Susten und einem Teil des St. Gotthard gefahren, aber auch für sich alleine bietet der Furka Fahrspaß genug. Außerdem kann er mit einem Superlativ ganz besonderer Art aufweisen: Nirgendwo in den Alpen führt eine Straße so nah an einen Gletscher heran wie hier.

Dazu müssen wir aber erst über die Ostseite durch das Tal der Furkareuss hinauffahren und die Scheitelstrecke mit den Hotels »Furka« und »Furkablick«, zwischen denen auch die Grenze der Kantone Uri und Wallis verläuft, überqueren. Dann sehen wir schon den gewaltigen Bau des Hotels »Bélvèdere« und

Das Gletscherrestaurant Bélvèdere auf der Westseite des Furkapasses liegt direkt gegenüber der Zunge des Rhônegletschers.

gleich daneben den Parkplatz vor dem Rhônegletscher-Kiosk. Wenige Schritte sind es nur zur Zunge des Rhônegletschers, der von den Hängen des Dammastocks herunterzieht. Ein trauriger Rest seiner selbst freilich, wenn man weiß, daß dieser Eisstrom noch vor 300 Jahren das ganze Talbecken unter uns ausfüllte und während der Eiszeit sogar bis nach Lyon in Frankreich vorgedrungen war.

Dennoch sollte man sich einen Spaziergang in die Eisgrotte, die gut 100 Meter in die Zunge des Gletschers getrieben wurde, nicht entgehen lassen. Bald verschwindet das Tageslicht und weicht dem Schein schwacher Glühbirnen. Überall ächzt und knackt das Eis, und auch das Rauschen von Wasser ist zu hören. In der zimmergroßen Grotte am Ende des Ganges wartet dann ein als Eisbär verkleideter Souvenirverkäufer, und ein Fotograf bietet seine Dienste für ein Erinnerungsbild an. – Wir können uns ruhig Zeit lassen, denn bis Gletsch ist es nicht mehr weit.

Die Befahrung des Nufenenpasses ist nur in einem kurzen Zeitraum zwischen Anfang Juli und Ende Oktober möglich. Sonst ist dieser Übergang aus Witterungsgründen gesperrt.

98

14. Abschnitt:
Durch das Wallis

Gletsch – Martigny

Strecke:
**Gletsch –
Ulrichen –
Brig –
Visp –
Abstecher ins
Saas- und Mattertal –
Leuk –
Abstecher nach
Leukerbad –
Sierre/Siders –
Abstecher ins Anniviers- und Zinaltal –
Sion/Sitten –
Abstecher ins Hérens- und Hérémencetal –
Martigny**

Streckenlänge:
128 km

Paßöffnungszeiten:
Das Saastal ist nur vom 1. 6. bis 31. 10. befahrbar. Die Mattertal-Straße ist bis Täsch ganzjährig befahrbar. Mit Ausnahme der Hérémencetal-Straße (1. 6. bis 30. 9.) sind die übrigen Paßstraßen ganzjährig befahrbar. Mautgebühren werden nicht erhoben.

Karte:
Generalkarte 1:200 000, Schweiz, Blatt 3 und 4.

Man sollte sich den durchaus erschwinglichen Luxus einer Übernachtung im Hotel »Glacier du Rhône« in Gletsch ruhig einmal leisten. Der große, sechsstöckige Komplex aus groben Steinquadern ist nicht zu übersehen, es ist ohnehin fast das einzige Haus der Ansiedlung. Sein heutiges Gesicht erhielt es um die Jahrhundertwende, der »Belle Époque«, als sich vor allem reiche und abenteuerlustige Engländer daran machten, die Alpen zu erobern. Der heutige Besitzer hat den lobenswerten Versuch unternommen, den Stil des Hauses nicht zu verändern und die ursprüngliche Einrichtung und die Möbel belassen. Sogar die Tapeten stammen noch »aus der Zeit«, und so fühlt man sich hier wirklich in die Jahrhundertwende zurückversetzt. Damals war es noch eine Sensation, als sich 1915 eine Engländerin im Auto von Interlaken über den Grimselpaß nach Gletsch chauffieren ließ. Ein Ereignis, das in allen Zeitungen des Kontinents und der Britischen Insel zu lesen stand.

Damals reichte auch der Rhônegletscher noch bis nahe an das Hotel und füllte den dahinter liegenden Talboden fast gänzlich aus. Heute hat er sich weit zurückgezogen und ist von hier unten kaum noch zu erkennen. Man möchte es nicht glauben, daß dieser kärgliche Rest einmal ein Eisstrom war, der bis nach Lyon in Frankreich reichte und dabei das riesige Trogtal mit dem Namen Wallis, dem wir nun folgen werden, geschaffen hat. Hier im obersten Teil, das Goms genannt wird, sieht das Tal wirklich noch wie ein Tal aus. Dicht drängen sich die Berghänge zusammen, lassen nur wenig Platz für die Straße, die einen Steilabbruch deshalb in mehreren Kehren überwinden muß.

Schon in Oberwald, der ersten ganzjährig bewohnten Siedlung im Wallis, weitet sich das Tal, und die Straße verläuft im Talboden. Hier oben scheint die Welt des Wallis noch in Ordnung, weder Seilbahnen noch Hotelkomplexe verschandeln die Umgebung, und auch von Touristenströmen bleibt man noch verschont. Dafür erkennt man in den kleinen Ortschaften entlang der Straße immer wieder uralte Holzhäuser im typischen Obergomser Baustil. Auf einem niedrigen Mauersockel aus gebrochenen Steinen wurde ein meist eineinhalb- bis zweieinhalbstöckiger Blockbau gesetzt, dessen Außenwände aus widerstandsfähiger Lärche, seltener auch Fichte, sich im Laufe der Zeit fast schwarz färbten. Das mit Gneis- und Granitplatten gedeckte Dach – aus Kostengründen weicht es bei notwendigen Instandsetzungsarbeiten immer mehr dem Wellblech – weist nur eine geringe Neigung von etwa 20 Grad auf. Verwunderlich ist dies, weil es unter dem Gewicht einer Schneedecke hier stärker belastet wird als Dächer mit spitzerem Winkel. Ulrichen,

Uralte Holzhäuser begleiten uns bei einem Abstecher ins Anniviers- und Zinaltal.

Goms wird der oberste Teil des Wallis genannt, wo das von der jungen Rhône – hier »Rotten« genannt – durchflossene Tal auch wirklich noch wie ein Tal aussieht.

etwas abseits der Straße, an der Abzweigung zum Nufenenpaß, ist eines der charaktervollsten Obergomser Haufendörfer mit einer Vielzahl dieser alten Häuser.

Das Tal weitet sich noch mehr, wir folgen der jungen Rhône, die hier Rotten heißt, und kommen nach Münster, dem größten Haufendorf im Obergoms. Auch hier reihen sich einige schöne alte Holzhäuser entlang der Dorfstraße; interessanter aber ist, daß uns die Ortsgeschichte über die Bezeichnung »Goms« aufklärt. Zur Zeit der savojischen

14. Abschnitt

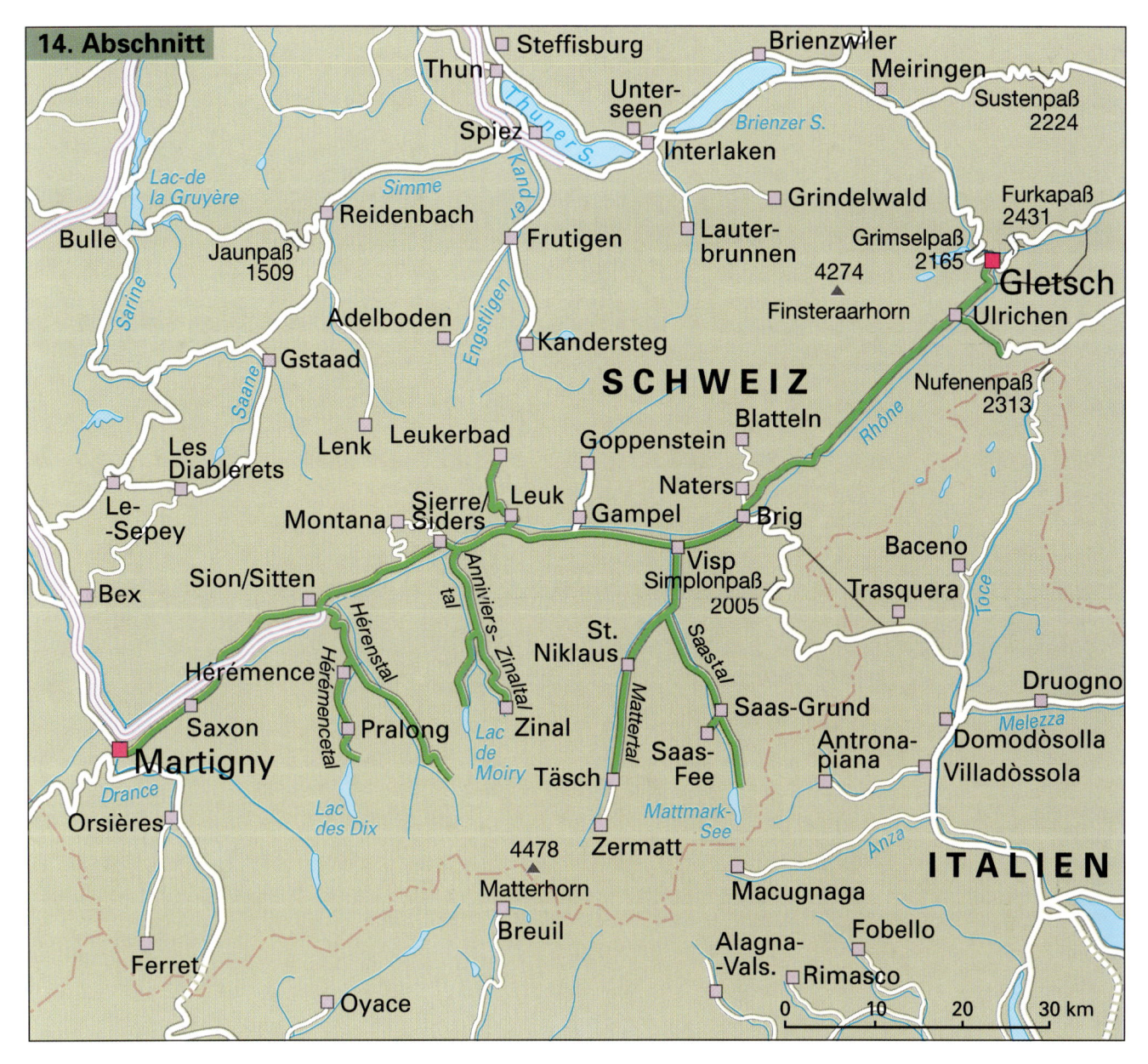

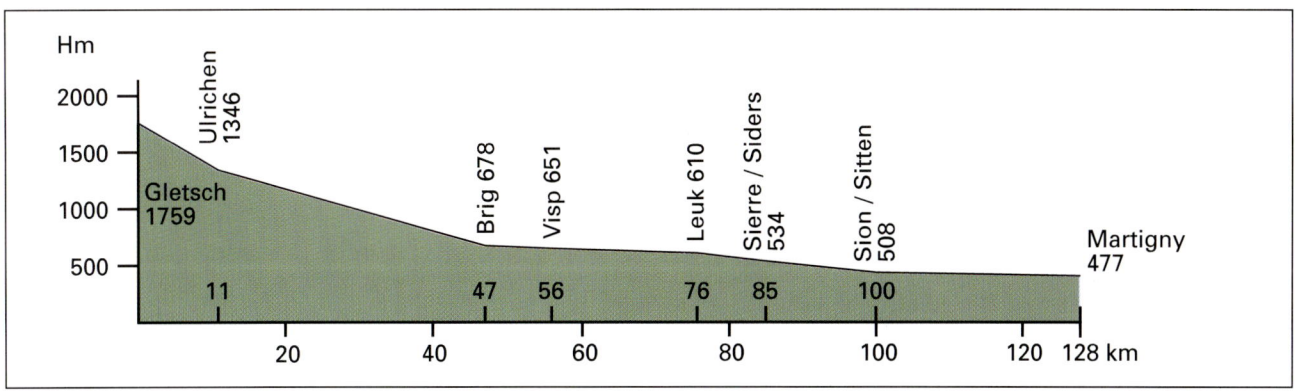

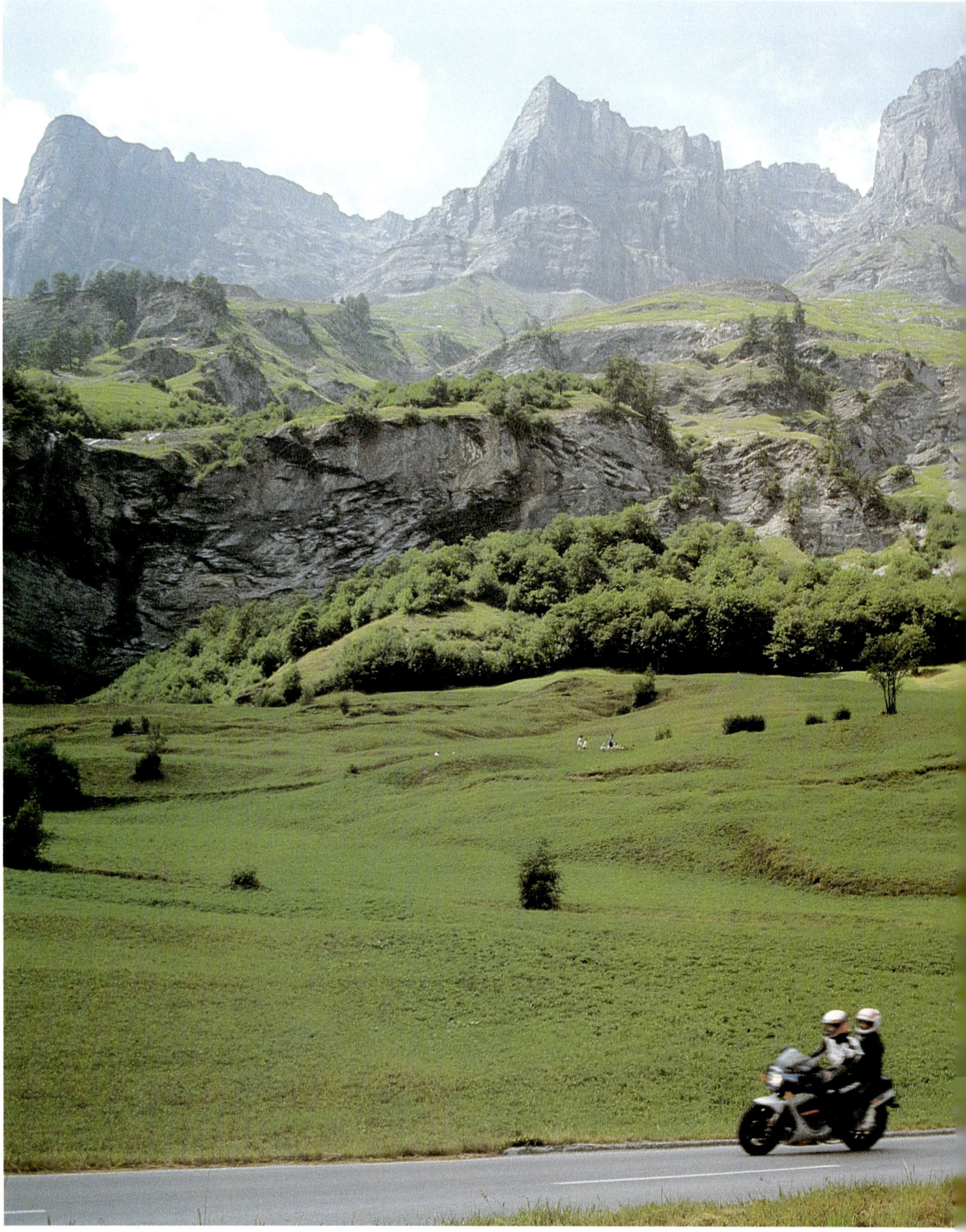

Die Schönheiten des Wallis werden vor allem bei Abstechern in die Seitentäler – wie hier hinauf nach Leukerbad – sichtbar.

Herrschaft im 13. und 14. Jahrhundert hieß Münster noch »Comes«, was die gallische Bezeichnung für Talmulde war. Das Wallis war damals noch in zehn Bezirke aufgeteilt, und so nannte man Goms ursprünglich nach dem Hauptort »Comes«, woraus sich im Laufe der Zeit durch phonetische Abschleifung Goms entwickelte. Während der Ort seinen Namen mehrfach änderte, blieb die Bezeichnung Goms für den oberen Teil des Wallis bis in die heutige Zeit erhalten.

Wies die Straße bisher kaum Neigung auf, senkt sie sich hinter Niederwald auf kurze Distanz beträchtlich ab, und wir erreichen Fiesch, den bedeutendsten Ferienort im Goms. Deutlich wird uns vor Augen geführt, wie der Tourismus das ursprüngliche Dorfbild verändert und die gewachsene Infrastruktur zerstört hat. Der positive Faktor ist aber der damit verbundene wirtschaftliche Aufschwung, der dieser einstmals abgelegenen und armen Region Arbeitsplätze und Wohlstand brachte. Uns bietet sich die Möglichkeit, ohne große Mühe in die Gletscherzone vorzudringen. Eine Seilbahn führt hinauf aufs Eggishorn, einem Fast-Dreitausender mit Panoramablick auf Eiger, Mönch und Jungfrau und den größten Eisstrom der Alpen, den Aletschgletscher.

Wenn wir im Talboden bleiben, werden uns solche Ausblicke freilich verwehrt bleiben, die Umgebung wird im Gegenteil immer reizloser. Dafür nehmen Industrie, Bebauung und die Größe der Städte mehr und mehr zu. Das lebhafte und geschäftige Brig war bereits im Mittelalter ein bedeutendes Handelszentrum und Warenumschlagplatz mit Italien über den Simplonpaß, und man wird wohl nicht den Wunsch verspüren, hier anzuhalten und länger zu verweilen. Auch Visp ist eine betriebsame Industriestadt ohne erkennbare Reize, und doch verbindet sich mit dem Ort der wohl berühmteste Berg des ganzen Alpenraums, das Matterhorn. Von hier zweigt nämlich nach Süden das Vispertal ab, das sich bei Stalden in das Matter- und das Saastal teilt.

Wir folgen selbstverständlich dem Mattertal, das seine Attraktion allerdings gut zu verstecken weiß. Erst hinter Randa bringen die Gletscher der Mischgabelgruppe Glanz in die Landschaft, aber bereits in Täsch ist die Straße für uns zu Ende. Wir müssen in die Bahn umsteigen, die uns nach Zermatt bringt, über dessen Dächern der Berg der Berge – das Matterhorn – aufragt. Was man auch immer vom Mythos, der diesem Berg anhaftet, halten mag, eine formschönere und imponierendere Berggestalt wird man in den Alpen nicht finden.

Am 13. Juli 1865 um 13.40 Uhr erreichten der Engländer Edward Whymper und seine

Leider sind solche uralte Holzhäuser im typischen Obergomser Baustil – wie hier bei der Ortsdurchfahrt von Münster – im Wallis bereits recht selten geworden.

Die Häuser von Sierre/ Siders, die sich im breiten Talboden des Wallis ausbreiten, bilden die Grenze zum französischsprechenden Teil des Wallis. Die im Bild sichtbare Kehrengruppe überwindet eine fast 400 m hohe Felsstufe hinauf ins Annivierstal.

Gefährten Douglas, Hudson und Hadow sowie die Bergführer Vater und Sohn Taugwalder und Croz als erste Menschen den Gipfel der 4478 Meter hohen »Becca«, wie das Matterhorn damals in der Umgangssprache auch genannt wurde. Leider nahm das glanzvolle Unternehmen einen tragischen Ausgang. Hudson, Douglas, Hadow und Croz stürzten beim Abstieg in die Tiefe und zerschmetterten auf dem Matterhorngletscher. Der Leichnam Lord Douglas' wurde bis heute nicht gefunden. Dem Matterhorn als Wunschziel jedes Bergsteigers tut dies freilich keinen Abbruch, und die Zahl seiner »Bezwinger« geht jährlich in die Tausende.

Zurück im Talboden, haben wir die Möglichkeit, auf der Schnellstraße schnurstracks Richtung Martigny zu preschen oder aber noch einige lohnende Abstecher zu unternehmen. Die Straße von Leuk hinauf nach Leukerbad kann empfohlen werden. Die warmen Quellen dort oben schätzten bereits die Römer, und auch Johann Wolfgang von Goethe zählte zu den Gästen des Orts, der heute internationalen Ruf als Bad für Rheuma- und Stoffwechselerkrankungen hat. Auch wem nichts fehlt, die Kurven dort hinauf und die landschaftliche Umrahmung sind einen Umweg wert.

Oder wir machen in Sierre/Siders, der Grenze zum französischsprachigen Teil des Wallis, einen Abstecher ins Annivierstal und dessen Verlängerung, das Zinaltal. Fahrspaß im Überfluß gibt es hier, wie bereits die erste Kehrengruppe über eine fast 400 Meter hohe, senkrechte Felsstufe andeutet. Es geht mitten hinein in eine von eiszeitlichen Gletschern geschaffene Landschaft mit kleinen Dörfern, die sich zwar zu Fremdenverkehrsorten entwickelt haben, ohne dabei allerdings ihre ursprüngliche Schönheit zu verlieren. Manchmal stehen die oft zwei- und dreistöckigen Holzhäuser noch auf gemauerten Fundamenten, in denen die Ställe für das Vieh unter-

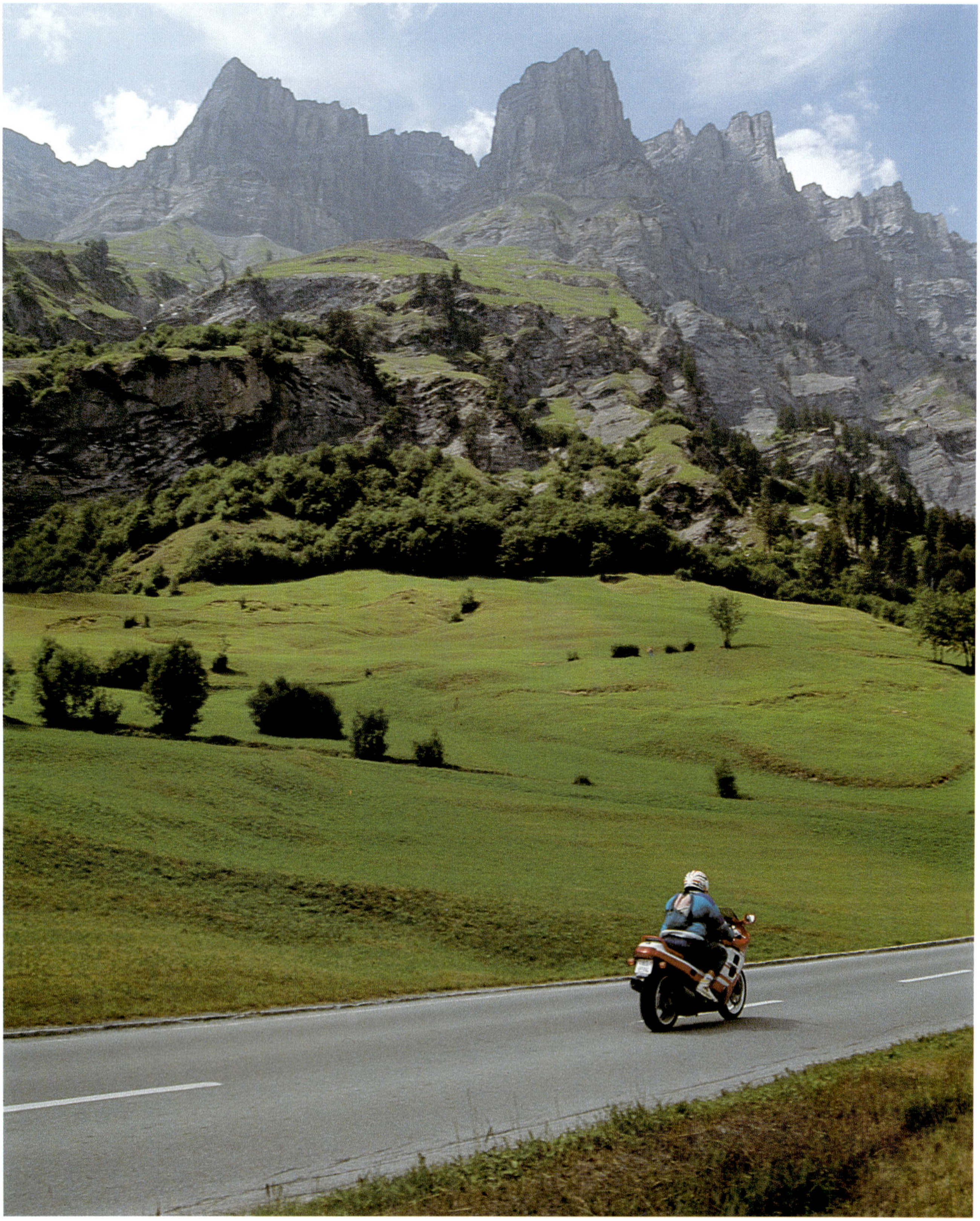

Von Leuk hinauf nach Leukerbad führt diese Straße unter den Felshängen der Gemmiwand vorbei.

gebracht sind. Immer im Blickfeld haben wir die Spitze des Zinnalrothorns, die dem Matterhorn an Schönheit nur wenig nachsteht.

Und wem das noch nicht reicht, der kann von Sion/Sitten ins Hérenstal abbiegen, das vielfach als das schönste Seitental des Wallis bezeichnet wird. In Euseigne, wo auch die Straße ins Hérémencetal abzweigt, können wir eine Laune der Natur beobachten: Erdpyramiden, von den Einheimischen »Gendarmes« oder »Demoiselles« genannt, die hier 20 Meter und höher aus grünen Wiesen und Sträuchern herausragen. Einige dieser grotesken Gebilde aus Moränenschutt tragen auf der Spitze einen runden, abgeflachten Stein, wie ein Gendarm seine Mütze oder eine Dame ihren Hut. Wir werden diese seltsamen Gebilde später, schon fast am Ende unserer Reise, in den französischen Seealpen am Izoardpaß, nochmals zu Gesicht bekommen.

Zurück in Sion, ist es nicht mehr weit bis Martigny, wo wir das Wallis verlassen. Eine Autobahn verkürzt dieses letzte Teilstück, aber auch wenn überall französisch gesprochen wird, dürfen wir nicht vergessen, daß wir uns noch in der Schweiz befinden – der Vignette wegen, die zur Benutzung der schweizerischen Autobahnen berechtigt.

Über den Dächern von Ayer zeigt sich die vergletscherte Spitze des 4221 m hohen Zinalrothorns, dessen formschöner Aufbau vielfach mit dem Matterhorn verglichen wird.

15. Abschnitt:
Zum höchsten Berg Europas

Martigny – Courmayeur

Strecke:
Martigny – Forclazpaß – Montetspaß – Argentière – Chamonix – Montblanc-Tunnel – Courmayeur

Streckenlänge:
65 km

Paßöffnungszeiten:
Die Paßstraßen sind ganzjährig befahrbar. Der Montblanc-Tunnel ist mautpflichtig. Die Mautgebühr beträgt 85 FF (ca. 25 DM).

Karte:
Generalkarte 1:200 000, Schweiz, Blatt 4; oder Michelin-Karte 1:200 000, Blatt 244.

Auch wenn dieser Abschnitt von der Länge her eher als kurz zu bezeichnen ist, verhält er sich damit doch proportional umgekehrt zur Höhe der Berge, die wir hier antreffen. Mit dem 4807 Meter hohen Montblanc wartet nicht nur die höchste Erhebung der Alpen, sondern ganz Europas auf uns. Bis auf 3842 Meter können ihm auch Nicht-Bergsteiger nahekommen; in dieser Höhe endet die Seilbahn auf die Aiguille du Midi. Etwas Zeit sollten wir uns auch für die Geschichte Martignys nehmen, denn der Ort ist interessanter, als der erste Eindruck vermuten läßt.

Schon die Kelten erkannten um 500 v. Chr. die günstige Lage und gründeten hier die Siedlung »Octodurus« oder »Octodurum«. Um 57 v. Chr. schickte Julius Caesar im Verlauf der gallischen Eroberungskriege eine Legion dorthin, die vorerst den Auftrag hatte, hier zu überwintern. Jedoch wurde sie von den Kelten bis in die Gegend von Genf zurückgeschlagen. Einige Zeit war es diesen noch möglich, sich zu behaupten, aber im Jahre 15. v. Chr. wurden sie im Rahmen eines großen römischen Feldzugs gegen die Räter und die Vindeliker, der sich bis ins bayerische Alpenvorland hinzog, förmlich überrannt. Aus »Octodurus« wurde die Siedlung »Forum Claudii Augusti« – Markt des Kaisers Claudius Augustus –, später »Forum Claudii Vallensium«, eine für damalige Verhältnisse große Stadt mit prächtigen Villen, Thermenanlagen, einem Amphitheater und Tempeln. Gegen Ende des 4. Jahrhunderts verfiel der Ort aus ungeklärten Gründen. Ausgrabungen förderten neben dem Amphitheater viele archäologische Fundstücke zutage, die im Museum der »Fondation Pierre Gianadda« in der Rue du Forum ausgestellt sind. Ein Besuch lohnt auch aus einem anderen Grund: In den anschließenden Räumen befindet sich eine Oldtimer-Ausstellung.

Mit der Auffahrt zum Forclazpaß verlassen wir das Wallis, nicht ohne vorher nochmals eine prächtige Sicht über das Rhônetal aus der Vogelperspektive zu genießen. Besonders beeindruckend dabei ist die mächtige Burgruine La Bâitez, deren runder Bergfried aus den Weinbergen unter uns herauszuwachsen scheint. Chasselas, Rhin oder Sylvaner (beide weiß), Gamay und Pinot noir (beide rot) sind die vier Hauptsorten, und der meistkonsumierte und -produzierte Wein ist der Fendent, der aus der Chasselas-Traube entsteht. Er wird bei jeder Gelegenheit getrunken und paßt zu Fondue, Raclette, Käse und Brot genauso wie zu Trockenfleisch und Fisch. Seine Hauptkonkurrenten sind der Johannisberg aus Sylvanertrauben und der Dôle, eine Mischung aus Gamay und Pinot noir. Mehrere Lokale an der Auffahrtsstrecke bieten Proben feil, aber vielleicht verzichtet man auf diesen Genuß, denn wenn die Straße über den Forclazpaß auch gut ausgebaut und nicht sehr kurvenreich ist, als wichtige Verkehrsverbindung ist sie doch recht stark befahren und verlangt so unsere ungetrübte Aufmerksamkeit.

Bei Barberine überqueren wir die Grenze nach Frankreich, und das Département Savoyen empfängt uns mit einer deutlich schmäler werdenden Straße, die zum Montetspaß, einer wenig ausgeprägten Einsattelung, ansteigt. Erstmals baut sich vor uns das Montblanc-Massiv als gezackte Kette aus Granitnadeln und Gletschern auf.

Argentière, der oberste Ort des Chamonix-Tals, stimmt uns bereits auf den Touristenrummel ein, der uns in Chamonix, dem weltbekannten Ferien-, Bergsteiger- und Wintersportort, erwartet. Trotzdem, Parkplätze, wenn auch gebührenpflichtig, gibt es genug, und einen Bummel durch die verkehrsberuhigte Fußgängerzone mit ihren Cafés, Sport- und Andenkenläden sollte man schon unter-

Der Forclazpaß, eine wichtige und vielbefahrene Verkehrsverbindung vom schweizerischen Wallis ins französische Savoyen, weist leider nur sehr wenige solcher Kehren auf.

109

15. Abschnitt

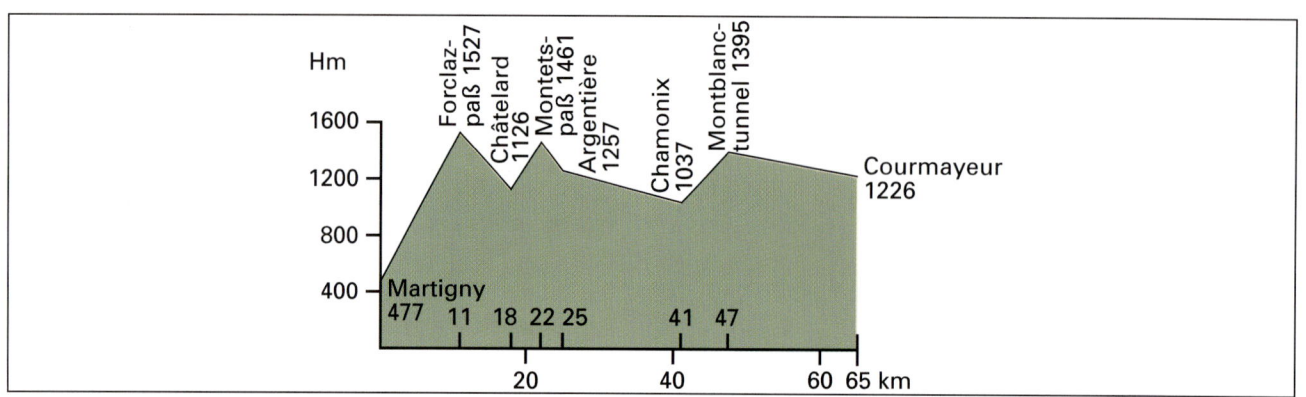

Map labels

- 3219 Tour Sallière
- Fully
- Vernayaz
- Samoëns
- le Frénalay
- Lac d'Emosson
- Martigny
- Verbier
- 3023 M. Gelé
- Sixt
- Châtelard
- 1527 Forclazpaß
- Sembrancher
- Le Châble
- Fionnay
- 3099 Mt. Buet
- Vallorcine
- 2884 Le Génépi
- Orsières
- **SCHWEIZ**
- 2801 la Tête à l'Ane
- 1461 Montetspaß
- Liddes
- Lac de Mauvoisin
- Argentière
- Aig. de Argentière 3900
- **FRANKREICH**
- Bourg-St. Pierre
- 4314 Grand Combin
- Passy
- Servoz
- Les Pras-de-Chamonix
- Chamonix
- 4122 Aig. Verte
- 3820 M. Dolent
- Ferret
- 3731 M. Vélan
- Gr.-St.-Bernhard-Paß 2469
- St.-Gervais-les Bains
- Montblanc-tunnel
- 4206 les Grandes-Jorasses
- La Vachey
- Gr.-St.-Bernhard-Tunnel
- 4807 Mont Blanc
- Étroubles
- Valpelline
- les Contamines-Montjoie
- 3326 La Gr. Rochère
- la Visaille
- **Courmayeur**
- **ITALIEN**
- 3061 M. Fallère
- 3252 M. Berrio Blanc
- Pré-St.-Didier
- la Salle
- Aosta

0 — 10 km

Elevation profile

Hm

- Forclazpaß 1527
- Châtelard 1126
- Montetspaß 1461
- Argentière 1257
- Chamonix 1037
- Montblanctunnel 1395
- Courmayeur 1226
- Martigny 477

11 18 22 25 41 47 — 20 40 60 65 km

Beim Anblick des schneebedeckten Montblanc hatte er bald nur noch ein Ziel: einmal auf diesem Gipfel zu stehen, von dem man damals schon annahm, daß es der höchste Europas sei. Nun war dies zu einer Zeit, da es noch keine Seilbahn, keine Eispickel, Seile oder Haken, ja nicht einmal hochgebirgstaugliche Kleidung und Schuhe gab, nicht so einfach. Es dauerte noch über ein Vierteljahrhundert, bis sich die Einheimischen Jacques Balmat, Bauer und Kristallsucher, und der Arzt und leidenschaftliche Bergsteiger Michel Gabriel Paccard zusammentaten und einen Weg durch das Spaltengewirr und die Schneefelder fanden. Am Abend des 8. August 1786, gegen 18.00 Uhr, standen sie auf dem Gipfel. Saussure eilte sofort aus Genf herbei, aber erst am 3. August 1787 gelang ihm nach vier Tagen Aufstieg die zweite Besteigung. Der Bann war gebrochen, dennoch erreichten im nächsten halben Jahrhundert nur 28 Seilschaften den Gipfel, also nicht einmal eine pro Jahr. Heute wurden an einem einzigen Tag schon mehr als 300 Personen auf dem »Dach Europas« gezählt.

Auch wir können dem Berg zu Leibe rücken, müssen aber mit der Seilbahn auf die Aiguille du Midi, mit 3842 Metern die zweithöchste Luftseilbahn Europas, vorliebnehmen. Hinderungsgründe könnten eventuell in der langen Wartezeit und den stolzen Preisen bestehen. Der Ausblick von dieser, dem Hauptgipfel vorgelagerten Granitnadel inmitten der Eislandschaft des Vallée Blanche ist dann allerdings ein einmaliges Erlebnis. Zurück im Tal ist es nicht mehr weit zum Beginn des Montblanc-Tunnels, mit 11,6 Kilometern Länge nach dem St.-Gotthard-, Arlberg- und Fréjus-Tunnel der viertlängste Straßentunnel der Alpen. 1965 wurde er nach sechsjähriger Bauzeit fertiggestellt und verringerte damit die Entfernung von Chamonix nach Courmayeur von 150 auf 20 Kilometer. Bei der Zufahrt hat man in Les Pélerins noch einen schönen Blick auf den Bossonsgletscher, der hier bis in die Waldregionen herabreicht; dann wird man vom Tunnel verschluckt und erblickt erst in Entrèves wieder das Tageslicht. Wir sind bereits in Italien, haben die Staatsgrenze etwa in Tunnelmitte überfahren und müssen nun die Paßkontrolle über uns ergehen lassen.

In der Fußgängerzone von Chamonix steht dieses Denkmal. Jacques Balmat, einer der beiden Erstbesteiger, zeigt dem Forscher Horace Bénédict de Saussure den Weg hinauf zum Montblanc.

nehmen. Dort steht auch ein Denkmal, das Horace Bénédict de Saussure gewidmet ist, dessen Name für immer mit der Besteigung des Montblanc verbunden ist. Blickt man von hier an einem sonnigen Tag nach Süden, kann es vorkommen, daß man von den gleißenden Schneefeldern um den Montblanc schier geblendet wird.

Im Sommer 1760 kam Saussure, Student der Philosophie und Botanik, erstmals nach Chamonix, um dort Pflanzen zu sammeln.

Ein letzter Blick zurück auf die nur schwach vergletscherte Montblanc-Südseite um die Ponte Helbronner, dann folgen wir der Dora Baltea hinab ins Aostatal. Nicht weit allerdings, denn schon nach wenigen Kilometern biegen wir von der breiten, vom Schwerlastverkehr stark frequentierten Straße nach Courmayeur ab.

»Heimliche Hauptstadt der Alpinisten« wird der bereits seit dem 17. Jahrhundert geschätzte Ferienort auch genannt. Damals waren es nicht die Berge, welche die Besucher anzogen, sondern hauptsächlich die Mineralquellen. Schon das piemontesische Königshaus weilte hier Mitte des vorigen Jahrhunderts, und kaum ein Bildungsreisender jener Zeit, der auf sich hielt, konnte einen Besuch auslassen. Obwohl nur etwa halb so groß wie Chamonix, hält Courmayer, einem Vergleich mit diesem jederzeit stand; das Ortsbild, in dem sich Holz mit Beton und Glas auf harmonische Weise verträgt, ist sogar noch etwas schöner.

Ob die italienische Küche der französischen vorzuziehen ist, kann im Selbstversuch, wenn auch nicht unbedingt kostengünstig, festgestellt werden. Zu den piemontischen Spezialitäten zählen vor allem die »agnoletti«, ein ravioliähnliches Nudelgericht. Gefüllt sind sie mit »fonduta«, einer cremigen Masse aus geschmolzenem Fontina, einem Käse aus dem Aostatal, sowie Milch, Butter und Eigelb. Serviert werden sie entweder mit Tomatensoße und frischen Kräutern oder auch »in bianco« mit Butter und Trüffel. Wählt man als Wein dazu einen Dolcetto, der aufgrund seiner trockenen Weichheit und fruchtigen Frische im ganzen Tal als vorzüglicher Tafelwein gilt, kann man eigentlich nichts falsch machen.

So überlaufen Chamonix in der Hochsaison auch sein mag, Motorradfahrer finden hier immer einen Platz zum Halten.

Fotogen hebt sich der spitze Turm der Kirche von Le Praz, kurz vor Chamonix, vom Montblanc-Massiv im Hintergrund ab.

16. Abschnitt:
Vom Aostatal in die Tarentaise

Courmayeur – Séez

Strecke:
Courmayeur – Pré-St-Didier – Abstecher nach Aosta – Kleiner-St.-Bernhard-Paß – Séez

Streckenlänge:
59 km

Paßöffnungszeiten:
Der Kleine-St.-Bernhard-Paß ist nur vom 15. 6. bis 31. 10. befahrbar. Mautgebühren werden nicht erhoben.

Karte:
Michelin-Karte 1:200 000, Blatt 244.

Auch dieser Abschnitt ist nicht besonders lang, und mit dem Kleinen St. Bernhard ist dabei nur ein Paß zu überwinden. Nehmen wir uns also die Zeit, uns etwas mit der Historie des Aostatals zu beschäftigen.

Die erste geschichtlich dokumentierte Aktion ging von den Römern aus. Sie suchten einen Landweg, über den sie ihre Truppen in die neu eroberte Provinz Gallia Narbonensis führen konnten, die bisher nur auf dem Seeweg über das Mittelmeer zu erreichen war. Im Aostatal trafen sie auf den keltischen Stamm der Salasser, den sie vollkommen ausrotteten. Um 401 wurden die Römer zum Schutz des Kernreichs zurückbeordert. Ein Umstand, den sich die Burgunder zunutze machten und das Tal um 443 ihrem Reich angliederten, wobei die ersten kulturellen Bindungen des Tals zum heutigen Frankreich entstanden. Danach kamen die Franken, die sich unter ihrem König Karl dem Großen zur Großmacht aufschwangen. Interne Streitigkeiten ebneten im 10. Jahrhundert den Ungarn und Sarazenen den Weg, die im Aostatal ihre Beutezüge unternahmen.

Dann betraten die Savoyer die Bühne und blieben 900 Jahre lang. Ihre zahlreichen Adelsfehden zogen die Bevölkerung immer wieder in Mitleidenschaft. Am 15. Mai 1800 stand dann Napoleon mit 40 000 Soldaten, 60 Kanonen und einem Troß von 300 Karren im Talboden. Heimlich hatte er sich über den Großen St. Bernhard vorgearbeitet, um in Oberitalien die Habsburger in der Schlacht bei Marengo zu besiegen. Die Idee, ihn aufhalten zu wollen, bezahlten die Aostaner mit einigen geschleiften Festungen. Nach dem Untergang Napoleons, 1814, erhielten die Savoyer ihr Territorium wieder zurück, legten sich aber mit den Österreichern an und wurden von diesen bei Novarra am 23. März 1849 vernichtend geschlagen. Dies ließ die Savoyer nicht ruhen, sie verbündeten sich mit den Franzosen und siegten nun ihrerseits in der Doppelschlacht von Solferino und San Martino am Gardasee. Die Franzosen erhielten als Lohn die alten savoyardischen Stammlande auf der französischen Alpenseite, das heutige Département Savoie, wieder zurück.

Die letzten Kämpfe im Aostatal ereigneten sich zur Zeit der faschistischen Herrschaft, als sich die Bewohner gegen die rigorosen Unterdrückungsmaßnahmen auflehnten. Als Partisanen setzten sie sich zur Wehr, und gegen Ende des Zweiten Weltkriegs gelang es ihnen, die Stadt Aosta in ihre Gewalt zu bringen. Nun forderten die Separatisten den politischen Anschluß an Frankreich und erhielten zum Ausgleich beschränkte Autonomie und den Rang einer Region. Die französische Sprache wurde als gleichberechtigte Amtssprache anerkannt, was sich in den Ortsnamen ausdrückt.

Wer jetzt neugierig geworden ist und mehr vom Tal sehen möchte, für den bietet sich ein Abstecher nach Aosta an. Ein Abstecher deshalb, weil unser Weiterweg schon wenige Schleifen unterhalb von Courmayeur in Pré-St-Didier, abzweigt. Wer sich für den Abstecher entscheidet, sei gleich darauf hingewiesen, daß er landschaftlich nicht sehr interessant ist. Zwar wird das Tal von gewaltigen Bergketten umrahmt, wie etwa dem Montblanc-Massiv, das wir bei den letzten Etappen bereits kennengelernt haben, oder dem Gran-Paradiso-Gebiet, das sogar zum Nationalpark ausgewiesen wurde. Man sieht nur von unten nicht recht viel, denn die Straße hält sich im meist hitzeflirrenden, staubigen Talboden, durch den auch der ganze Schwerlastverkehr donnert.

Trotzdem, die Burg von La Salle, die wir als erstes auf der linken Talseite erblicken, erinnert recht eindrucksvoll an die vergangenen Zeiten, auch wenn der Wehrbau aus dem

Das verfallene Hospiz und die überlebensgroße Statue auf der Kleinen-St.-Bernhard-Paßhöhe sind dem Heiligen Bernhard von Aosta gewidmet, dem Namensgeber des Passes.

13. Jahrhundert im Jahre 1793 von den eingedrungenen Franzosen gesprengt wurde und nur noch eine Ruine übrig blieb. Auch in Arvier erkennt man eine große verfallene Burganlage aus dem 13. bis 15. Jahrhundert. In Villeneuve, wo sich das Tal deutlich verengt, sind von der einst weitläufigen Sperrfestung nur noch etwas romanisches Mauerwerk und ein zylindrischer Bergfried vorhanden.

Saint-Pierre weist wieder zwei bemerkenswerte Burgen auf, von denen das am Ortsausgang gelegene Castello Sarriod de la Tour die sehenswertere ist. Der von außen wenig wehrhaft erscheinende Bau wurde hervorragend restauriert und enthält das Archäologische Museum des Aostatals mit Exponaten aus der Römerzeit und Funden aus der Stein- und Bronzezeit. Dann sind wir in

Die Zöllner auf der Kleinen-St.-Bernhard-Paßhöhe, der Grenze zwischen Frankreich und Italien, nehmen ihre Aufgabe sehr ernst und kontrollieren jeden Durchfahrenden akribisch genau.

Hier zweigt auch die Straße ins Rhemestal und ins Savaranchetal ab, zwei prächtige und fast unberührte Seitentäler, die vor der atemberaubenden Hochgebirgskulisse des Gran-Paradiso-Massivs enden. Der 4061 Meter hohe Gran Paradiso ist übrigens der einzige Viertausender, der sich gänzlich auf italienischem Gebiet befindet, da man sich Matterhorn und Montblanc mit Schweizern und Franzosen teilen muß.

Aosta, dessen römische Stadtbefestigung als eine der am vollständigsten erhaltenen in Europa gilt.

Zurück in Pré-St-Didier, lassen wir mit der Auffahrt zum Kleinen St. Bernhard die Römer zurück, und alles reduziert sich wieder auf einfachere Werte: Kurven anbremsen, Schräglage, Aufrichten, Beschleunigen und Hochschalten. Prächtig zeigt sich noch einmal das Montblanc-Massiv mit Broillard- und

16. Abschnitt

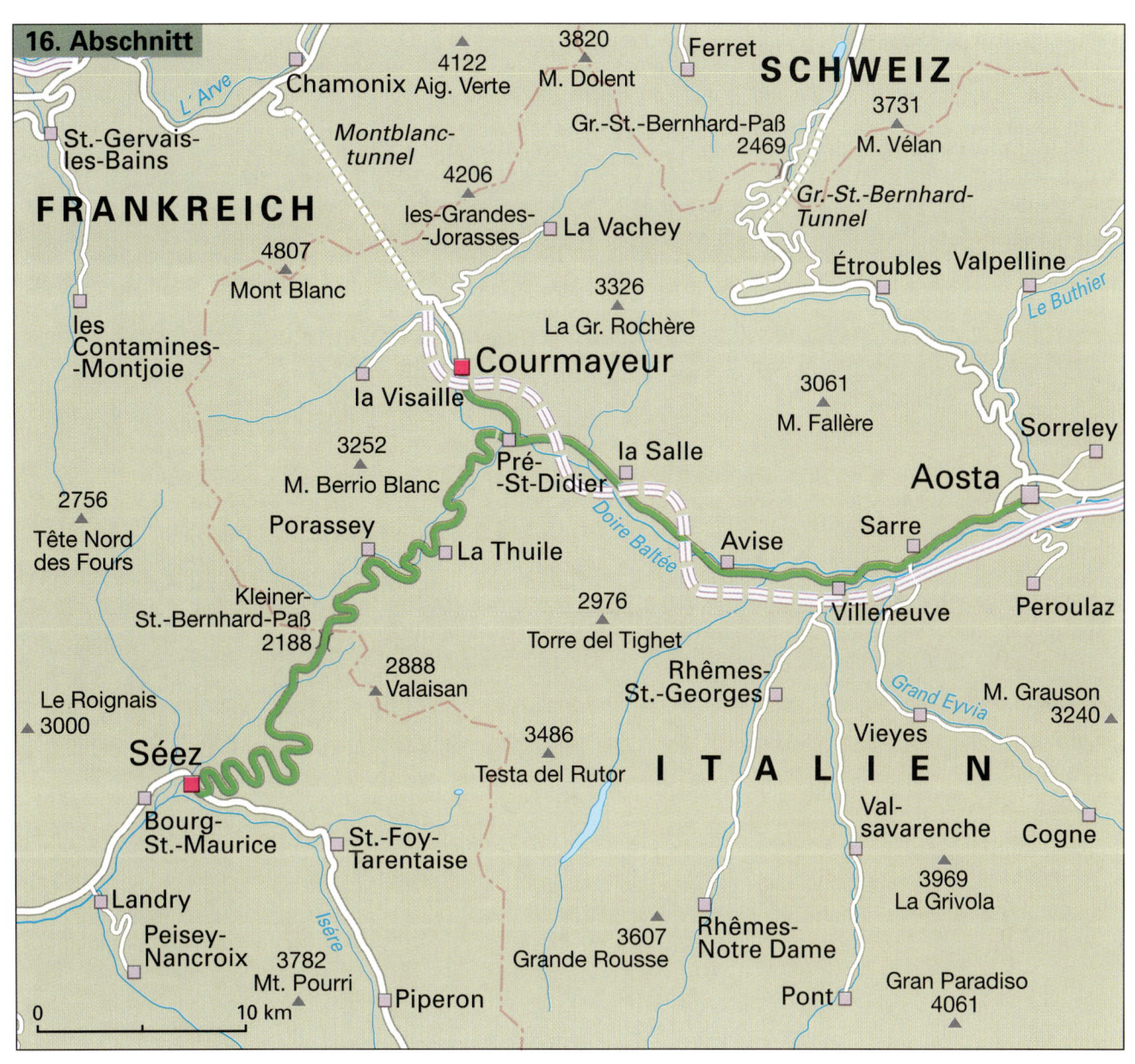

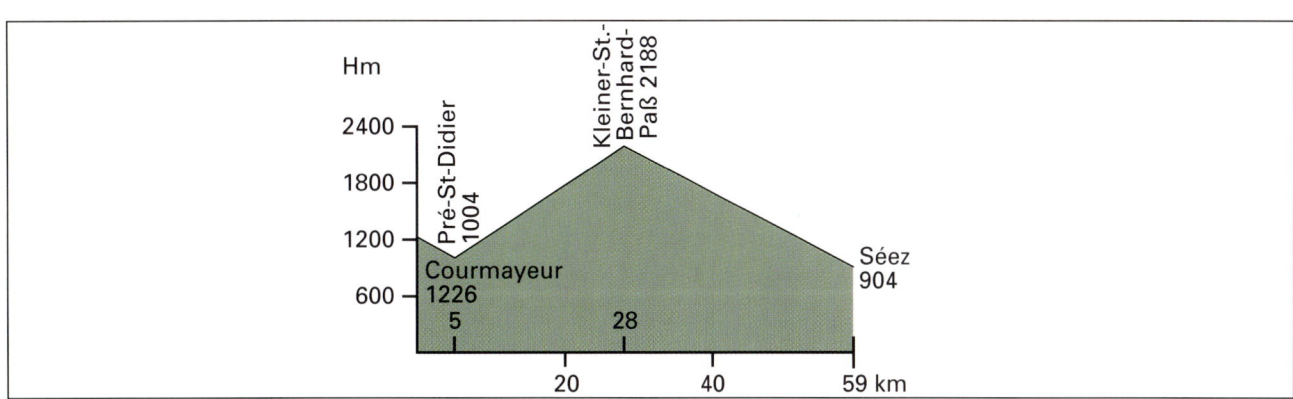

Peutereygrat und der wuchtigen Grandes Jorasses, um nach unserer Durchfahrung eines 100 Meter langen Felstunnels endgültig zu verschwinden.

In La Thuile, dem Hauptort des Aostatals, haben wir etwa ein Drittel der Auffahrtsstrecke hinter uns und könnten eigentlich eine Rast einlegen. Wer es ruhiger will, dem sei allerdings das Restaurant »Pesca alla Trotta«, einige Kilometer bergan, empfohlen. Es liegt einsam neben der nur zu Hauptreisezeiten stärker frequentierten Straße und wird auch von den einheimischen Motorradfahrern gerne besucht.

Dann wird die Umgebung hochgebirgiger, einige verfallene Steinhütten können das Landschaftsbild nicht beleben, und erst auf der Paßhöhe treffen wir wieder auf bewohnte Gebäude. Darunter auch die italienische und französische Grenzstation, die es beide mit

Auffahrt über die Nordseite des Kleinen-St.-Bernhard-Passes. Im Hintergrund ist noch das Montblanc-Massiv zu erkennen.

Rechts unten: Das Restaurant Pesca alla Trotta auf der Nordseite des Kleinen-St.-Bernhard-Passes ist für seine Fischspezialitäten bekannt und wird vor allem von einheimischen Motorradfahrern gerne besucht.

der Paßkontrolle selbst in dieser abgeschiedenen Region recht ernst nehmen, auch wenn sich der Ausweis noch so tief unten im Tankrucksack befindet.

Da wurde man in früheren Zeiten hier oben schon ganz anders empfangen. Gleich hinter der französischen Grenze erkennt man rechts neben der Straße ein rechteckiges, hohes Gebäude. Es ist das einstige Hospiz des Hl. Bernhard von Aosta, dem Namensgeber des Passes, der es im 9. Jahrhundert gründete und das von Mönchen bis Anfang unseres Jahrhunderts weitergeführt wurde. Horace Bénédict de Saussure – wir kennen ihn von der Besteigungsgeschichte des Montblanc – berichtete über das Hospiz, daß dort allen armen Wanderern zwei Gläser Wein und ein halbes Pfund Brot ausgehändigt wurden. Reisende, die Übernachtung und Essen bezahlen konnten, wurden sehr gut empfangen. Verlangt wurde indes auch von diesen nichts, die Mönche sollen sich sogar ein wenig geziert haben, das anzunehmen, was man ihnen gab.

Ab 1895 war ein junger Priester aus dem Aostatal, Pierre Chanoux, Vorsteher des Hospiz. Damals zogen Tausende von Italienern auf der Suche nach Arbeit über den Paß. Meist wurden sie verköstigt, beherbergt und mit einer kleinen Wegzehrung ausgestattet. Chanoux legte damals einen botanischen Garten neben dem Hospiz an und züchtete Alpenblumen aus aller Welt. Im Zweiten Weltkrieg wurde auch hier oben gekämpft, die Mönche mußten abziehen, und das Hospiz verfiel. Der botanische Garten wurde dagegen wieder angelegt und nach seinem Gründer »Chanousia« benannt. Auch den Hl. Bernhard hat man nicht vergessen. Er steht als überlebensgroße Statue auf einer riesigen, von den Römern errichteten Steinsäule, die einst dem Jupiter geweiht war.

Mit schönem Blick auf den Mont Pourri geht es schließlich über nicht enden wollende Kurven und Kehren hinunter nach Séez, in die Tarentaise, wie das Tal im Oberlauf der Isère genannt wird.

17. Abschnitt:
Von der Tarentaise in die Maurienne

Séez – Modane

Strecke:
Séez – Val d'Isère – Iseranpaß – Bonneval-sur-Arc – Bessans – Lanslebourg – Modane

Streckenlänge:
103 km

Paßöffnungszeiten:
Der Iseranpaß ist nur vom 1. 7. bis 30. 9. befahrbar. Mautgebühren werden nicht erhoben.

Karte:
Michelin-Karte 1:200 000, Blatt 244.

Landschaft pur ist angesagt. Schon mit der Auffahrt zum Kleinen St. Bernhard haben wir einen großen Teil des Verkehrsaufkommens hinter uns gelassen, aber je weiter wir in diesen Teil der französischen Alpen vordringen, desto ruhiger wird es. Dies soll freilich nicht heißen, daß wir alleine unterwegs sind, aber wegen der Abgeschiedenheit der Paßstraßen und der relativ spärlichen Besiedelung dieser Region beschränkt sich das Verkehrsaufkommen überwiegend auf Ausflügler und Erholungssuchende. Nur zu Hauptreisezeiten, wie etwa in den Sommerferien, kann es vorkommen, daß man vielleicht nicht auf Anhieb ein freies Zimmer findet, aber höchstwahrscheinlich klappt es bereits bei der nächsten Herberge. Und auch auf den Zeltplätzen, die man außerhalb der Sommerferien fast für sich alleine hat, muß man dann etwas näher zusammenrücken.

Im Winter scheint die Region ein einziger Tummelplatz für Skifahrer zu sein, was sich im Sommer in Form von kahlen, von Skipisten zernarbten und mit schmucklosen Lawinenverbauungen versehenen Hängen drastisch dokumentiert. Dennoch, durch das Fehlen fast jeglicher Industrie in der oberen Tarentaise ist das »weiße Gold«, wie die Savoyer den Schnee nennen, die einzige Möglichkeit zur Sicherung des Lebensunterhalts, nachdem die Almwirtschaft im Zeichen der Überschüsse durch die Europäische Gemeinschaft kaum noch eine Rolle spielt.

Aber wir sind nicht hier, um uns über politische Verhältnisse den Kopf zu zerbrechen, sondern um Leute und Landschaft ein wenig näher kennenzulernen. Die Savoyer gelten als aufgeschlossen und äußerst gastfreundlich, wovon man sich bei einer Übernachtung überzeugen kann.

Die Küche ist einfach, aber nahrhaft. Die Bergbauern waren in früherer Zeit nicht reich, und die Winter in den eingeschneiten Dörfern dauerten lange, so daß kräftige Kost willkommen war. Ein Sonntagsmahl etwa bestand aus einer Specksuppe, geräuchertem Schinken, hausgemachter Wurst, einem im Wasserbad gekochten Kuchen aus geriebenen Kartoffeln mit Dörrpflaumen, Birnen, Rosinen und geräuchertem Speck; dazu kamen der unverzichtbare Käse und zum Nachtisch eine große Schüssel mit süßem Milchreis.

Die harte körperliche Arbeit verlangte eine solch deftige Kost, und die Vorliebe für Geräuchertes vom Schwein und für Käse hat sich bis heute erhalten. Wer es etwas leichter liebt, sollte das traditionelle Gemüsegericht bestellen. Es heißt »Gratin savoyard« und besteht aus feingeschnittenen, rohen Kartoffeln, die in Bouillon und geriebenem Käse im Ofen gebacken werden. Als Nachtisch noch etwas Käse, einen Beaufort vielleicht, der als bester savoyischer Hartkäse gilt. Er ist etwa mit dem Emmentaler zu vergleichen, hat im Gegensatz zu diesem aber fast keine Löcher. Und da zu einem guten Essen auch ein guter Wein gehört, wäre ein Apremont oder ein Abymes – beides herbe Weißweine von den Hängen des Mont Granier bei Chambéry – zu empfehlen.

Ein Erinnerungsfoto vor der steinernen Paßtafel auf der Iseran-Paßhöhe ist fast ein Muß. Immerhin befindet man sich hier auf dem zweithöchsten für den öffentlichen Verkehr befahrbaren Paßübergang in den Alpen.

17. Abschnitt

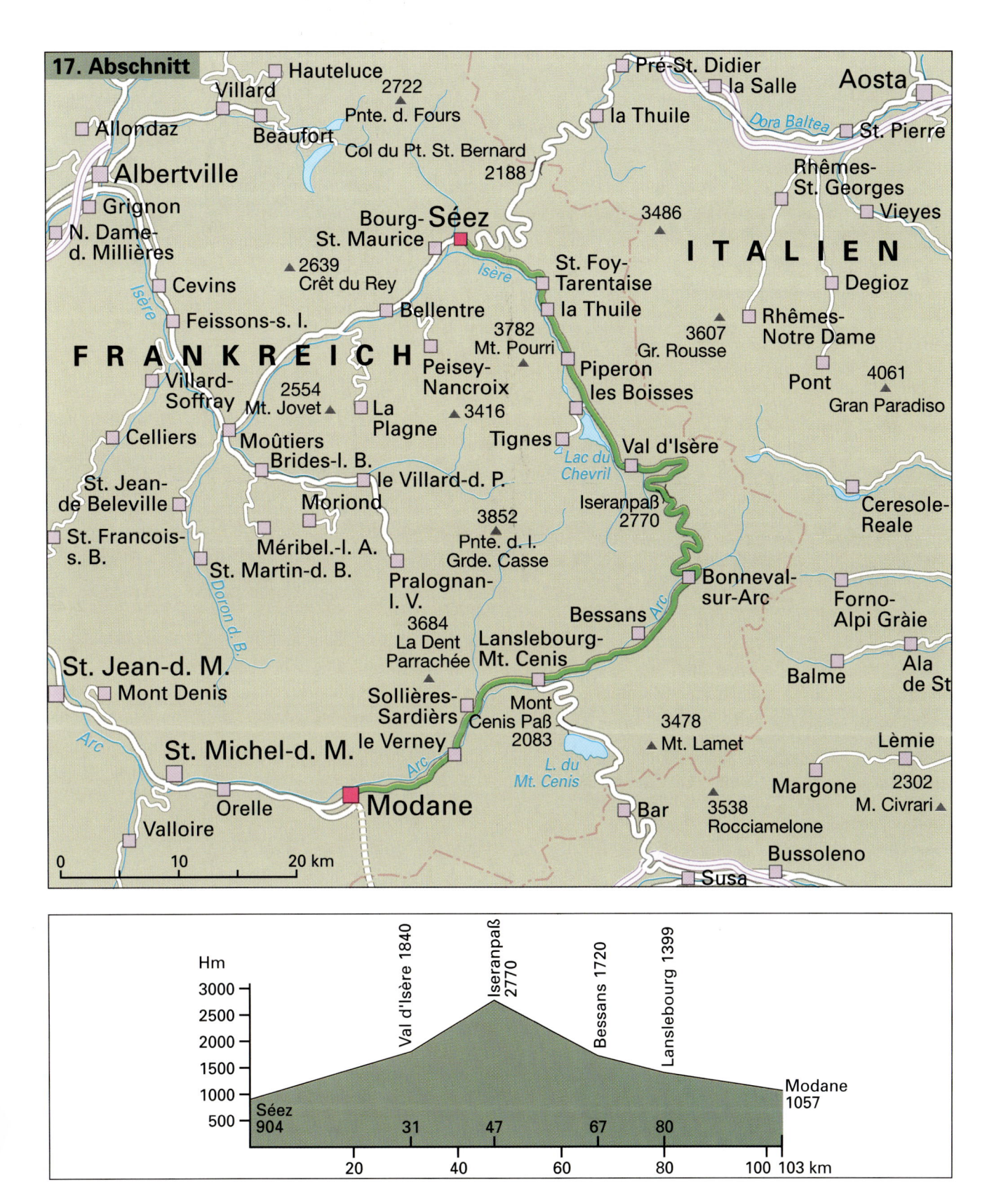

FRANKREICH / **ITALIEN**

Places and features shown on map:
- Hauteluce, Villard, Allondaz, Beaufort, Albertville, Grignon, N. Dame-d. Millières, Cevins, Feissons-s. I.
- Pnte. d. Fours 2722, Col du Pt. St. Bernard 2188
- Bourg-St. Maurice, **Séez**, Crêt du Rey 2639, Bellentre
- Pré-St. Didier, la Salle, Aosta, la Thuile, Dora Baltea, St. Pierre
- Rhêmes-St. Georges, Vieyes, 3486
- St. Foy-Tarentaise, la Thuile, Isère
- Villard-Soffray, Celliers, Moûtiers, Brides-l. B., St. Jean-de Beleville, St. Francois-s. B.
- Mt. Jovet 2554, La Plagne, 3416, Peisey-Nancroix, Mt. Pourri 3782
- Piperon les Boisses, Gr. Rousse 3607, Degioz, Rhêmes-Notre Dame, Pont, Gran Paradiso 4061
- le Villard-d. P., Moriond, Méribel.-l. A., St. Martin-d. B., Doron d. B.
- Pnte. d. l. Grde. Casse 3852, Tignes, Lac du Chevril, Val d'Isère, Iseranpaß 2770
- Ceresole-Reale
- Pralognan-l. V., La Dent Parrachée 3684
- Bessans, Lanslebourg-Mt. Cenis, Bonneval-sur-Arc, Arc
- Forno-Alpi Gràie, Balme, Ala de St
- St. Jean-d. M., Mont Denis, St. Michel-d. M., Sollières-Sardièrs, le Verney, Mont Cenis Paß 2083, L. du Mt. Cenis, Mt. Lamet 3478
- Lèmie, Margone, 2302, M. Civrari
- Orelle, Valloire, **Modane**, Arc
- Bar, Rocciamelone 3538, Bussoleno, Susa

Scale: 0 – 10 – 20 km

Elevation profile

Location	Elevation (m)	Distance (km)
Séez	904	0
Val d'Isère	1840	31
Iseranpaß	2770	47
Bessans	1720	67
Lanslebourg	1399	80
Modane	1057	103

Hm axis: 500, 1000, 1500, 2000, 2500, 3000

Séez ist eines jener Dörfer, wie sie für das ländliche Frankreich typisch sind und deren äußeren Zustand man mit etwas gutem Willen als »malerisch« umschreiben kann. Es verdankt seine Entstehung wohl in erster Linie der Tatsache, daß es am Schnittpunkt zweier Paßstraßen liegt, nämlich dem Kleinen St. Bernhard und dem Iseranpaß. Der Name leitet sich vom lateinischen »Sextus« ab und weist auf den sechsten Meilenstein der Konsularstraße Mailand–Lyon hin, der einst hier stand. Die Konsularstraße führte damals über den Kleinen St. Bernhard, wie wir von der dort oben errichteten Jupitersäule wissen. Ob auch eine Verbindung über den Iseranpaß bestanden hat, erscheint eher zweifelhaft, denn noch in Karten aus der Mitte des 19. Jahrhunderts war dieser hochgelegene Übergang fälschlicherweise als Berg, nämlich als Mont Iseran, verzeichnet. Erst 1937 wurde die Straße über den Paß eröffnet und diente wohl in erster Linie strategischen oder militärischen Zwecken, bevor man sie im Zuge des Wintersports immer besser ausgebaut hat.

Breit und in gutem Zustand präsentiert sich die Straße anfangs, wenn wir an der Isère entlang aufwärts fahren. Sainte-Foy-Tarentaise ist die letzte nennenswerte Ansiedlung in diesem Teil, ein kleines Bergdorf mit spitzem Kirchturm und grauen Steinhäusern, deren Dächer noch teilweise mit grobem Schiefer oder mit sogenannten »lanzes«, flachen Steinplatten, gedeckt sind. Die Straße wird schmäler, und auch die Berghänge drängen sich bald schluchtartig zusammen. Über dem rechten Talrand erkennen wir den Mont Pourri, einen pultförmigen, 3779 Meter hohen Gneisberg, von dessen vergletscherter Kuppe Schneezungen weit über die steilen Hänge herunterreichen. Noch einmal verengt sich das Tal bei der Boissières-Schlucht, dann liegt der 180 Meter hohe Betonwall des Lac de Chevril vor uns, mit dem die Isère zu einem 11 Quadratkilometer großen See aufgestaut wurde.

Hellgrün ist das Wasser, das fast ausschließlich von den nahen Gletschern um die Grande Motte aufgesammelt wird. Wenn wir den Blick vom Wasserspiegel etwas heben, erkennen wir in einiger Entfernung die Hochhäuser des Wintersportorts Tignes, dessen moderne, gesichtslose und geradlinige

Die Faszination einer Alpendurchquerung mit dem Motorrad wird mit diesem Bild von der Abfahrt über die Südseite des Iseranpasses, mit Blick auf die Gletscherfelder des Albaron, verdeutlicht.

Beton- und Glasfassaden so gar nicht in die urwüchsige Landschaft passen. Noch einige Kilometer weiter, und wir sind in Val d'Isère, dem einstigen Bergbauerndorf, das sich zu einem der bekanntesten Wintersportplätze der Alpen entwickelt hat. Eine Retortensiedlung mit reinen Zweckbauten zur Unterbringung möglichst vieler Urlauber auf engstem Raum. Die meisten Leute kommen im Winter, denn im Sommer erinnert die Siedlung eher an eine verlassene Goldgräberstadt im Wilden Westen.

Am Ortsende überqueren wir auf einer kleinen Steinbrücke die hier noch munter schäumende Isère, und in gleichem Maße wie der Straßenzustand schlechter wird, wird pe, dann sind wir oben, auf 2770 Meter Höhe, und haben damit den zweithöchsten für den öffentlichen Verkehr befahrbaren Paßübergang in den Alpen bezwungen.

Ein Erinnerungsfoto vor der steinernen Paßtafel, ein Besuch der kleinen Kapelle, die hier Wind und Wetter trotzt, und schon geht es wieder abwärts. Die Fahrt über die Südrampe hinunter ins Arc-Tal ist landschaftlich fast noch schöner als die Auffahrt. Die formschöne Eispyramide des Dôme du Grand Fond und die Gletscherfelder des Albaron, die bald vor uns auftauchen, gehören nicht umsonst zu den meistbewunderten und -fotografierten Motiven entlang dieser Strecke. Tief unter uns liegt Bonneval-sur-Arc und damit

Auf der Nordseite des Iseranpasses fügt sich das Betonband der Straße kaum störend in die kahle, unwirtliche Umgebung. Die Aufschriften sind Namen von Radsportlern, die während der ebenfalls über diesen Paß führenden Tour de France, dem härtesten Radrennen der Welt, von den Fans auf den Asphalt gesprüht wurden.

die Landschaft um uns herum schöner. Im Westen sind es die von Gletschern und Firnfeldern durchsetzten Dreitausender des Vanoise-Nationalparks, während sich im Osten die Ausläufer des Gran-Paradiso-Nationalparks mit grauen, schroffen Felsgestalten erheben. Unzählige Gipfel und Spitzen, und je höher wir kommen, desto mehr werden es. Die schönste Aussicht haben wir nicht etwa auf der Paßhöhe, sondern bei einem Parkplatz etwa 2 Kilometer unterhalb. Hier informiert uns die Table d'Orientation mit ihrem 360-Grad-Panorama über jede einzelne bedeutende Erhebung. Noch eine Kehrengrup-

die erste bewohnte Siedlung nach der Paßhöhe.

Dort endet unsere Fahrt über den Iseranpaß, und wir sind im obersten Arc-Tal angelangt, das Maurienne genannt wird. Wir müssen nicht unbedingt bis Modane. Wer es nicht eilig hat, sollte besser irgendwo zwischen Bonneval und Lanslebourg übernachten, wo die Natur fast unberührt und die Welt noch in Ordnung erscheint.

Bonneval-sur-Arc, im obersten Talboden der Arc, ist noch ein ursprüngliches Bergdorf geblieben, dessen alte graue Steinhäuser sich der Umgebung angepaßt haben.

18. Abschnitt:
Zum südlichsten Viertausender der Alpen

Modane – Briançon

Strecke:
Modane – St-Michel-de-Maurienne – Télégraphepaß – Valloire – Galibierpaß – Lautaretpaß – Briançon

Streckenlänge:
86 km

Paßöffnungszeiten:
Der Galibierpaß ist nur vom 15. 6. bis 15. 10. befahrbar. Mautgebühren werden nicht erhoben.

Karte:
Michelin-Karte 1:200 000, Blatt 244.

Die Maurienne, das Tal der Arc, ist das südlichste der großen savoyischen Alpentäler. Im oberen Teil zeigt es sich noch von urwüchsiger Schönheit, kahle Berghänge stehen in Kontrast zu den grünen Wiesen im Talboden, es regnet selten, und das Licht ist hell und klar. Die Siedlungen sind noch typische Bergdörfer mit grauen, alten Steinhäusern, die dieselbe Farbe haben wie die Felsen ringsum. Die Zeit ist hier zwar nicht stehengeblieben, aber sie vergeht langsamer, und von Streß und Hektik des modernen Zeitalters ist in der oberen Maurienne noch sehr wenig zu spüren.

Das ändert sich leider nur allzu schnell. Schon in Lanslebourg, wo die Straße über den Mont-Cenis-Paß einmündet und damit auch der ganze Schwerlastverkehr, der den Warenaustausch zwischen den Industriezonen um Grenoble und Turin besorgt, sieht alles wieder ganz anders aus. Bereits im Mittelalter war dieser Übergang die kürzeste Verbindung zwischen Frankreich und Oberitalien und trug durch die damit verbundenen Zolleinnahmen nicht unwesentlich zum Reichtum des Hauses Savoyen bei. Damals mußten alle Fuhrwerke noch umständlich auseinandergebaut und zusammen mit der Fracht auf Maulesel verladen werden, bevor Napoleon 1802 mit dem Bau einer richtigen Paßstraße begann. In die Geschichte ging der Paß durch König Heinrich IV. ein, der ihn im tiefsten Winter 1076 auf seinem Gang nach Canossa überquerte.

Ein Abstecher auf den Mont-Cenis-Paß ist dennoch nicht empfehlenswert, denn wie riesige Ungetüme keucht ein Schwerlaster hinter dem anderen nach oben oder bremst in entgegengesetzter Richtung die gut ausgebauten Kurven und Kehren hinunter. Der Reifenabrieb sorgt zusammen mit austretendem Öl auf dem Straßenbelag für eine Mischung, die sich bei Regen in eine glitschige, schmierige Rutschbahn verwandelt.

Bei Modane nimmt der Verkehr nochmals zu. Der 13 Kilometer lange Fréjus-Tunnel bringt erneut Schwerlast- und Personenverkehr aus Italien herüber. Auch die Eisenbahnlinie Rom–Paris wird durch den Tunnel geführt, so daß im weiteren Verlauf Güter- und Personenzüge in kurzen Abständen neben der Straße herrattern. Viel zu sehen bekommen die Reisenden hier nicht, nur graue, reizlose Industriedörfer mit staubigen Häuserfassaden und qualmenden Schloten. Anhalten wird man höchstens zum Tanken oder um in einem der Cafés oder Snackbars eine kleine Erfrischung zu sich zu nehmen. Gut ausgebaut ist die Schnellstraße, welche die Orte meist umgeht, und so kommen wir rasch vorwärts, dürfen aber die Ausfahrt in die Ortschaft St-Michel-de-Maurienne nicht übersehen.

Dort nimmt nämlich die Auffahrt zum Galibierpaß, über den wir die Maurienne wieder verlassen werden, um in das Département Dauphiné überzuwechseln, ihren Anfang. So sehr wir uns auch bemühen, eine Beschilderung für den Galibierpaß ist nirgends zu sehen, und so folgen wir den Hinweisschildern »Col du Télégraphe«. Durch eine enge Eisenbahnunterführung verlassen wir die Stadt, dann zieht sich die Straße über 14 gut ausgebaute Kehren an der südlichen Talseite nach oben. Über uns, auf einem kleinen Bergsporn, bewacht das alte Fort du Télégraphe das Tal gleichsam aus der Vogelperspektive, und nach 12 Kilometern Auffahrt geht es unvermittelt wieder abwärts. Wir haben den Télégraphepaß, eine aussichtslose, bewaldete Einsattelung, überfahren und nähern uns Valloire, dem eigentlichen Ausgangspunkt der Galibier-Paßstraße. Vom lateinischen »vallis aurea« für goldenes, reiches Tal leitet sich der Ortsname ab, aber worauf sich dieser Reichtum begründet haben soll, bleibt im

Im oberen Teil der Abfahrt über die Südseite des Galibierpasses versperrt noch ein Felskamm den Blick auf die zum Greifen nahe Pelvouxgruppe, die schon der Matterhorn-Bezwinger Edward Whymper als wildesten Teil der Alpen bezeichnete.

18. Abschnitt

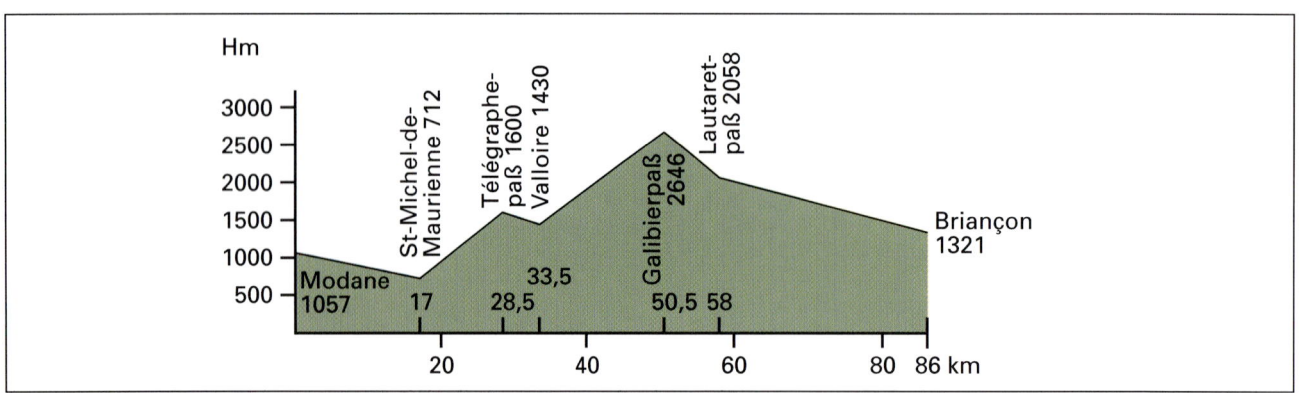

Die von Geröllfeldern durchzogenen Berghänge des Grand Galibier scheinen hier jeden Weiterweg zu versperren.

dunkeln, denn Wintersportler und Bergwanderer, die heute hier ihr Geld ausgeben, kannte man damals ja noch nicht.

Hinter Valloire wird es langsam alpin. Noch können sich die kargen Weiden neben der Straße etwas behaupten, aber bald gewinnen die dunklen Geröllfelder, die von den Berghängen herabziehen, die Oberhand. Kein Baum, kein Strauch belebt die Umgebung, deren eintöniges Braun und Grau nur von der schäumenden Valloire aufgelockert wird. Bei der Bar »Plan Lachat« scheint die Weiterfahrt zu Ende, drohend versperrt der Grand Galibier, ein guter Dreitausender, den Weg, aber die Straßenbauer haben eine Alternative über die Hänge der gegenüberliegenden Talseite gefunden. Kehre um Kehre geht es höher, meisterhaft nutzt die Straße die topographischen Gegebenheiten des Geländes aus, dann sehen wir vor uns die verschlossenen Portale des bereits seit 1979 stillgelegten Scheiteltunnels. Kein Problem für die Weiter-

fahrt, denn eine neu gebaute Trasse zieht am Tunneleingang vorbei und überwindet die letzten 100 Höhenmeter zum Scheitelpunkt in vier Kehren.

Dort erwartet uns dann ein atemberaubender Ausblick: Fast zum Greifen nahe liegt die Pelvoux-Gruppe vor uns, nach ihrem höchsten Berg, der 4102 Meter hohen Barre des Ecrins, auch Ecrins-Gruppe oder Massif des Ecrins genannt. Eine Bastion aus Granit und Eis mit mächtigen Wänden, scharfen Graten und spitzen Nadeln, die von gewaltigen Hängegletschern durchzogen werden. Vor allem der Meije-Gletscher, der mit wilden Séracs und Spaltenzonen die Nordseite des gleichnamigen Berges bedeckt, bietet ein Bild, wie man es im ganzen Alpenraum nur sehr selten vorfindet. Kein Wunder, daß der Matterhorn-Bezwinger Edward Whymper diese Berggruppe den wildesten Teil der Alpen nannte. In seinen Aufzeichnungen schrieb er: »Ihre Klippen, Bergströme und Schluchten sind unvergleichlich, ihre tiefen und wilden Täler bieten kühne und erhabene Schauspiele dar, und was die Kühnheit der Bergformen betrifft, so hält sie mit jeder anderen Landschaft den Vergleich aus.« Die Barre des Ecrins bestieg Whymper als erster im Jahre 1864, genau ein Jahr vor seinem tragisch endenden Triumph am Matterhorn. Darüber mag man fast vergessen, daß die Barre des Ecrins immerhin der südlichste Viertausender der Alpen ist.

Wir verlassen mit der engen Paßhöhe, die mit einem Dutzend parkender Autos schon hoffnungslos überfüllt ist, auch das Département Savoyen und beginnen die Abfahrt über die Südseite im Département Dauphiné. Nach einigen Kehren erwartet uns wieder ein Restaurant, diesmal an der Südseite des hier ebenfalls verschlossenen Tunnelportals. Eine Steinsäule erinnert an Henri Desgranges, den »Vater der Tour de France«, des wohl größten Randsportspektakels der Welt, das schon immer über diesen Paß geführt wurde. Die Aufschriften auf der Straße sind Namen von Rennfahrern und wurden von begeisterten Radsportfans auf den Asphalt gemalt.

Die Paßroute endet nach 9 km äußerst ungewöhnlich, nämlich wieder auf einem Paß. Es ist der Lautaretpaß, 2058 Meter hoch, der die Verbindung von Grenoble nach Briançon und weiter nach Turin darstellt. Er ist gut ausgebaut, ganzjährig befahrbar, und dementsprechend groß ist auch der Trubel, der um die Restaurants und Andenkenstände herrscht. Auch wenn die Meije noch im Blickfeld ist, ihrer Wirkung ist sie durch die kreuz und quer verlaufenden Stromleitungen beraubt. Dafür gibt es einen sehenswerten botanischen Alpengarten mit mehr als 3000 Pflanzenarten, der von Botanikern der Universität Grenoble betreut wird. Die Paßhöhe bildet die Wasserscheide zwischen Romanche und Guisane, der wir durch ein breites, fast schattenloses Tal bis Briançon folgen.

Auffahrt über die Südseite des Galibierpasses kurz unterhalb der Paßhöhe.

19. Abschnitt:
In die »Casse Déserte«

Briançon – Jausiers

Strecke:
Briançon – Cervières – Izoardpaß – Guillestre – Varspaß – St-Paul-sur-Ubaye – Les Gleizolles – Jausiers

Streckenlänge:
94 km

Paßöffnungszeiten:
Der Izoardpaß ist nur vom 15.6. bis 15.10. befahrbar. Der Varspaß ist ganzjährig befahrbar. Mautgebühren werden nicht erhoben.

Karte:
Michelin-Karte 1:200 000, Blatt 244 und 245.

Mit dem Galibierpaß haben wir auch die Grenze zwischen dem mitunter rauhen atlantischen Klima der Alpen-Nordseite und dem milden mediterranen Klima der Alpen-Südseite überschritten. Briançon, die Hauptstadt des Départements Hautes-Alpes, kann deshalb im Sommer drückend heiß sein, und dies, obwohl sie mit einer Höhenlage zwischen 1204 und 1326 Metern als höchstgelegene Stadt der Alpen gilt. Oft kann es vorkommen, daß sich gegen Nachmittag dunkle Wolken über dem nahen Pelvoux-Massiv zusammenbrauen und sich in heftigen Gewittern entladen. Aber nur sehr selten gelingt es einigen Regenwolken, sich über den Bergrand hinauszuschieben und die Stadt, die sich in einem nach Süden offenen Talkessel am Zusammenfluß von Guisane und Durance ausgebreitet hat, zu erreichen. Wenn es aber doch einmal regnet, dann gleich richtig. Dann ergießen sich wahre Sturzbäche über die steilen Straßen, welche die höher gelegene Altstadt, die Ville Haute, mit dem neueren Teil, der Ville Baisse, verbinden.

Diese Altstadt wird in ihrer gesamten Länge von der Grand' Rue durchzogen, in deren Mitte ein kleiner Stadtbach fließt, der das Regen- und Schmelzwasser ableitet. »Grande-Gargouille«, große Traufe, wird diese Straße auch genannt, und sie wurde in dieser Form bereits im 14. Jahrhundert angelegt, um die Sauberhaltung der Hauptstraße zu erleichtern. So befestigt, wie wir die Stadt heute zumindest teilweise noch sehen, war sie damals nicht. Ludwig der XIV., der »Sonnenkönig«, ließ sie zwischen 1639 und 1722 durch den Ingenieur und Festungsbaumeister Vauban zur Festungs- und Garnisonsstadt ausbauen. Wie gut dieser seine Sache gemacht hatte, zeigt die Tatsache, daß es den Österreichern 1850 trotz zwanzigfacher Übermacht nicht gelungen ist, die Festung einzunehmen. Wenn auch von der alten Anlage außer dem doppelten Mauergürtel nicht mehr viel übriggeblieben ist und in den Bastionen und Gräben das Gras wuchert, sollten wir doch durch eine der malerischen Altstadtgassen dort hinaufspazieren. Vom Vorplatz mit der allegorischen Figur Frankreichs, der Statue de France, hat man einen schönen Überblick über die Stadt und die umliegenden Talhänge, an denen weitere Festungen auszumachen sind.

Die Feinde, vor denen diese Schutz bieten sollten, kamen meist von Norden, über den Montgènevrepaß, der heute die Grenze zu Italien bildet. Wir dagegen verlassen die Stadt in südwestlicher Richtung mit der Auffahrt zum Izoardpaß. Auf den folgenden Serpentinen begleitet uns noch eine dichte Besiedelung, aber mit der Stadtgrenze lassen wir das letzte Haus zurück. Am linken Talrand queren wir eine gewaltige Schlucht, welche die Cerverette in das weiche Gestein aus Dolomit und Kalk gegraben hat, und kommen nach Cervières, einem kleinen Weiler mit zwei Kirchen und einem renovierten Hotel zu Füßen der Cime de la Charvie.

Das Hochtal wendet sich scharf nach Süden, noch einige Steinhütten bei Le Laus, dann nichts mehr außer Kiefernwälder, durch die

Auch ohne dieses Hinweisschild wäre die Auffahrt zum Izoardpaß nicht zu verfehlen.

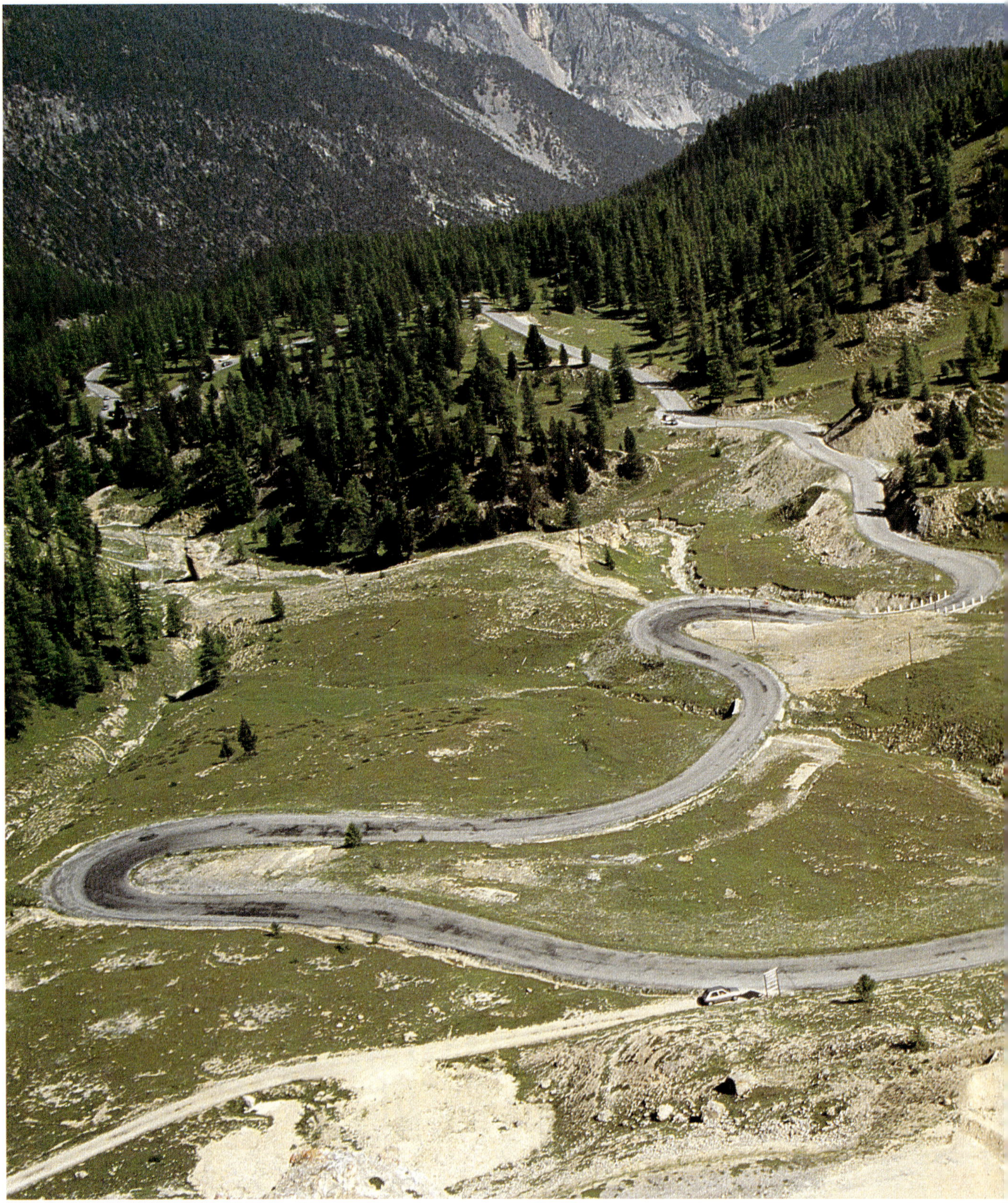

Blick von der Izoard-Paßhöhe auf das Kurvengeschlängel kurz unterhalb der Paßhöhe. Das im Bild sichtbare Refuge Napoléon ist eine von sechs Schutzhütten, die auf Anweisung des Franzosenkaisers gebaut wurden.

19. Abschnitt

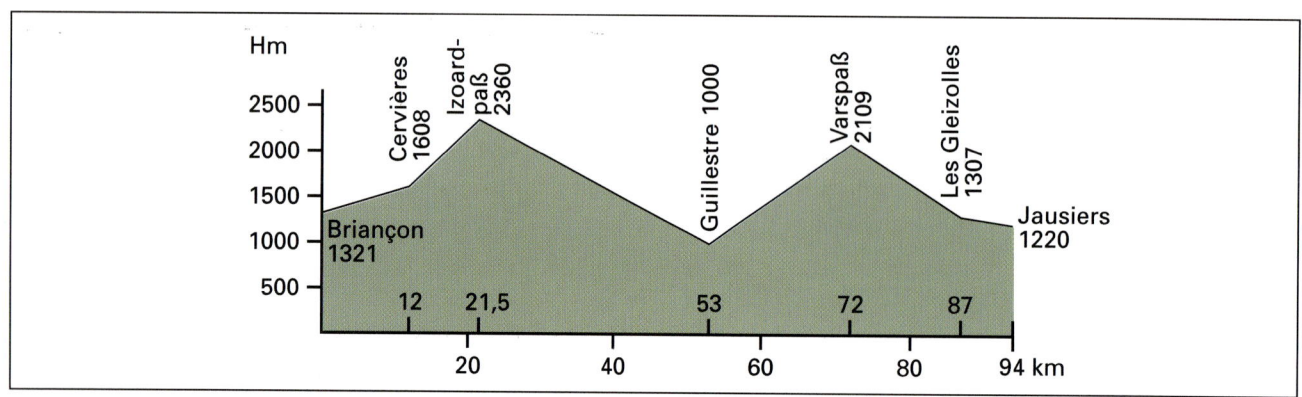

Map locations:
- 4102 Les Ecrins
- la Salle, Claviere, Col de Montgenèvre 1854, Perrero
- Chets. l'Ailefroide, Briançon, Cervières
- 3303 P. Ramièrè, 2868 P. Cornour
- Puy-St.-Vincent, les Vignes, Terre-Rouge, Izoardpaß 2360
- la Bessée, Valpreveyre
- Fressinières, Aiguilles, Villanova, l'Echalp, 2120 M. Frioland
- Merlette, 3120 Grd. Pinier, St. Crépin, Ville-Vieille
- Drac, les Garnauds, Orcières, Guil, St.-Véran, Crissolo 3841 M. Viso
- 2995 Mourre Froid, Chateauroux, Guillestre
- Route des Grandes Alpes, la Barge, Castel-delfino
- Chorges, Lac-de-Serre-Ponçon, Embrun, Durance, Chiazale
- Varspaß 2109, 2510 M. Nebin
- Savines, St-Paul-sur-Ubaye, **ITALIEN**, Stroppo
- le Sauze, **FRANKREICH**, Les Gleizolles, Meyronnes, Prazzo
- Accèglio, Maira
- Lauzet-Ubaye
- St.-Jean, Jausiers, Col du Larche 1995, Argentera
- Blanche, Ubaye, Barcelonette, Prégonde
- 0 — 10 km

Höhenprofil:
- Briançon 1321
- Cervières 1608 (12)
- Izoardpaß 2360 (21,5)
- Guillestre 1000 (53)
- Varspaß 2109 (72)
- Les Gleizolles 1307 (87)
- Jausiers 1220 (94 km)

Paßstraßen, wie hier die Südseite des Varspasses, sind bei Motorrad- und Radfahrern gleichermaßen beliebt.

sich die Straße in schön geschwungenen Serpentinen nach oben zieht. Bald geht auch der Wald zurück, einige vereinzelte Lärchen noch, und beim Refuge Napoléon, einer von sechs Schutzhütten, die der berühmte Korse in den französischen Alpen anlegen ließ, erkennen wir die Paßhöhe bereits über uns. Noch einige Schleifen, dann sind wir oben und können unsere Maschine neben dem Steinobelisk abstellen, der zu Ehren der Erbauer der Straße, französischen Gebirgsjägern, errichtet wurde.

Aussicht haben wir hier keine, aber wer will, kann zur Orientierungstafel auf dem kleinen Hügel über der Paßhöhe steigen und wird mit einem schönen Blick auf die Bergwelt der Briançonnais im Norden, also dem oberen Durance-Tal, aus dem wir kommen, und das Queyras im Süden, unserem nächsten Ziel, belohnt. Gleich nach dem Scheitelpunkt erwartet uns eine Überraschung: Wir sind mitten in der »Casse Déserte«, einem riesigen Geröllteppich, der von den Berghängen links der Straße herabzieht und aus dem bizarr geformte, von der Erosion freigelegte Felsklötze fast gespenstisch herausragen. Nur einigen anspruchslosen Lärchenbäumen mag es in der sonst völlig vegetationslosen Umgebung gelingen, den Eindruck einer Mondlandschaft etwas zu mildern. Es ist ein Landschaftsbild wie es im gesamten Alpenraum in dieser Form einmalig ist.

Knapp 2 Kilometer lang ist dieser Abschnitt, dann ein kurzer Gegenanstieg, und er liegt hinter uns. In Brunissard, etwa auf halber Höhe der Südrampe, sind wir wieder in freundlicheren Gefilden, dann endet die Paßrampe mit der Einmündung in die Départementstraße 902. Links von uns, in etwa 2 Kilometer Entfernung, sehen wir die Ortschaft Château-Queyras, die von einem ehemaligen Schloß aus dem 13. Jahrhundert auf einem Hügel über der Straße bewacht wird, das von Vauban 1840 zur Festung ausgebaut wurde. Wir müssen rechts abbiegen und folgen dem Flüßchen Guil, das bald in einer Schlucht verschwindet und sich in einem Bett aus weißem Schotter, mit grünen und rosa Marmorblöcken durchsetzt, seinen Weg

Links: Pas de la Reyssole heißt diese Talverengung nach der Abfahrt über die Südseite des Varspasses kurz vor Les Gleizolles.

Völlig öde und vegetationslos und trotzdem grandios und beeindruckend ist die Umgebung auf der Izoard-Paßhöhe.

sucht. Wir müssen eine enge Klamm über mehrere Brücken, Tunnels und in den Fels gesprengte Hangverbauungen bewältigen, bevor sie sich in eine weite Hochfläche vor Guillestre öffnet.

Wir berühren die Kleinstadt im Tal der Durance nur am Rande, verabschieden uns von der Guil, die hier in die Durance einmündet, und beginnen die Auffahrt zum Varspaß auf gut ausgebauter Straße. Die Serpentinen am Beginn eröffnen nochmals schöne Blicke zurück auf das Pelvoux-Massiv, dann verschwindet die Straße in einem weiten Tal, um sich über sanft geneigte Hänge langsam nach oben zu winden. Der gute Ausbauzustand gestattet ein rasches Vorwärtskommen. Mit Vars-St-Marcellin und Ste-Marie-de-Vars durchfahren wir zwei recht ursprünglich gebliebene Feriendörfer, die in deutlichem Kontrast zum modernen Skiort Les Claux, der letzten Ortschaft vor der Paßhöhe, stehen. Vorbei an einem kleinen See erreichen wir den Scheitelpunkt, eine leichte Einsattelung, die gleichzeitig die Grenze zwischen den Départements Dauphiné und der Provence bildet.

Mit der Abfahrt über die Südrampe sind wir nun auch geographisch in den Seealpen angelangt, dem südlichsten Teil des Alpenbogens, obwohl wir die letzten Gletscher bereits mit der Pelvoux-Gruppe, bei der Auffahrt zum Izoardpaß, hinter uns gelassen haben. Die 15 Kilometer hinunter ins Ubaye-Tal überwindet die Straße mit nur sechs Kehren und führt uns dabei direkt an einem weiteren Naturereignis vorbei: Etwa auf halber Strecke zeigen sich neben der Straße Erdpyramiden, jene grotesken Gebilde aus Moränenschutt, wie wir sie bereits vom Wallis her kennen. War dort allerdings ein Abstecher ins Hérémence-Tal notwendig, stehen sie hier direkt neben der Straße. Von den im Wallis »Gendarmes« und »Demoiselles« genannten Erdformen unterscheiden sie sich dennoch. Sie tragen nämlich keinen »Hut«, also keinen runden oder abgeflachten Stein auf der Spitze. Das Erdreich ist hier so widerstandsfähig, daß diese Überdachungen zum Schutz gegen Schnee und Regen nicht notwendig sind. »Demoiselle Coiffées«, versteinerte Feen, werden sie im Volksmund genannt.

In St-Paul-sur-Ubaye sind wir im Talboden des Ubaye angelangt, einem hier noch kristallklaren Wildbach in einem Bett aus hellen Kiesbänken. In der Pas de la Reyssole, einer Talverengung, wölbt sich dunkler Schiefer über uns, dann wird das Tal wieder breiter, und über Les Gleizolles kommen wir nach Jausiers, wo uns bereits am Ortsanfang eine Tafel den Weg zur höchsten Paßstraße der Alpen weist.

137

20. Abschnitt
Über den höchsten Paß der Alpen

Jausiers – Nizza

Strecke:
Jausiers – Restefondpaß – Bonettepaß – St-Etienne-de-Tinée – St-Sauveur-sur-Tinée – Nizza

Streckenlänge:
130 km

Paßöffnungszeiten:
Der Restefond-/Bonettepaß ist nur vom 15.6. bis 30.9. befahrbar. Mautgebühren werden nicht erhoben.

Karte:
Michelin-Karte 1:200 000, Blatt 245.

Auch wenn wir uns dem Ende unserer Alpendurchquerung nähern, erwartet uns noch einmal ein Höhepunkt, und zwar im wahrsten Sinne des Wortes: Vor uns liegt die Auffahrt zum höchsten Paß der Alpen, dem 2802 Meter hohen Restefond-/Bonettepaß. Dabei deutet zunächst nichts auf eine hochalpine Umgebung hin. Jausiers ist ein kleiner Ferienort im Tal des Ubaye, der hier zu einem Badesee aufgestaut wurde. Um diesen wurde ein Freizeitzentrum mit Spiel- und Liegewiese, Tennisplätzen und einer anspruchsvollen Kletterwand errichtet, das sich in den heißen Sommermonaten bei durchschnittlichen Tagestemperaturen um 30° C eines regen Besuchs erfreuen kann. Restaurants, Hotels und auch einen Zeltplatz gibt es, so daß man durchaus ein oder zwei Tage in ruhiger, erholsamer Umgebung verbringen kann.

Die nächste größere Stadt, Barcelonnette, ist etwa 8 Kilometer entfernt und einen Ausflug wert. Sie gilt als nördlichste Stadt der Provence und hieß ursprünglich Barcelone, zu Ehren des Grafen Raymond-Bérenguer V., der von den Grafen von Barcelona abstammte und die Stadt 1231 gründete. Barcelonnette macht einen wohlhabenden Eindruck und weist viele schöne alte Villen auf, die von heimkehrenden Auswanderern gebaut wurden, die in Mexiko durch den Stoffhandel reich geworden waren.

In Jausiers haben wir keine Schwierigkeiten, die Auffahrt zum Resteford-/Bonettepaß zu finden. Es gibt ohnehin nur die Hauptstraße durch den Ort und eine, die von dieser nach Westen abzweigt. Am Erholungszentrum vorbei überqueren wir den Ubaye, und über eine Serpentinengruppe geht es nach Lans, der letzten Ansiedlung für längere Zeit. Die Straße wird merklich schlechter, auch etwas schmäler, ist, von einigen Fahrbahnunebenheiten und ausgebesserten Frostschäden abgesehen, aber in ausreichend gutem Zustand. Schnell kann man hier ohnehin nicht fahren, die Steigung beträgt fast ständig 12 %, und Serpentinengruppen und kurvige Abschnitte werden nur selten von geraden Teilstücken abgelöst. Man ist eigentlich ständig mit Schalten, Abbremsen und Beschleunigen beschäftigt und hat so nicht allzuviel Zeit für die Umgebung. Diese ist aber auch nicht besonders sehenswert. Es sind kahle, fast vegetationslose Hänge mit wenig Fels, mehr dunkles Erdreich und schuttige Geröllhänge. Nirgendwo eine Felsspitze oder gar ein Gletscher, die ins Auge fallen würden, und

Kein Hinweis darauf findet sich hier, daß es sich beim Restefond-/Bonettepaß mit 2802 m um den höchsten öffentlich befahrbaren Alpenpaß handelt.

20. Abschnitt

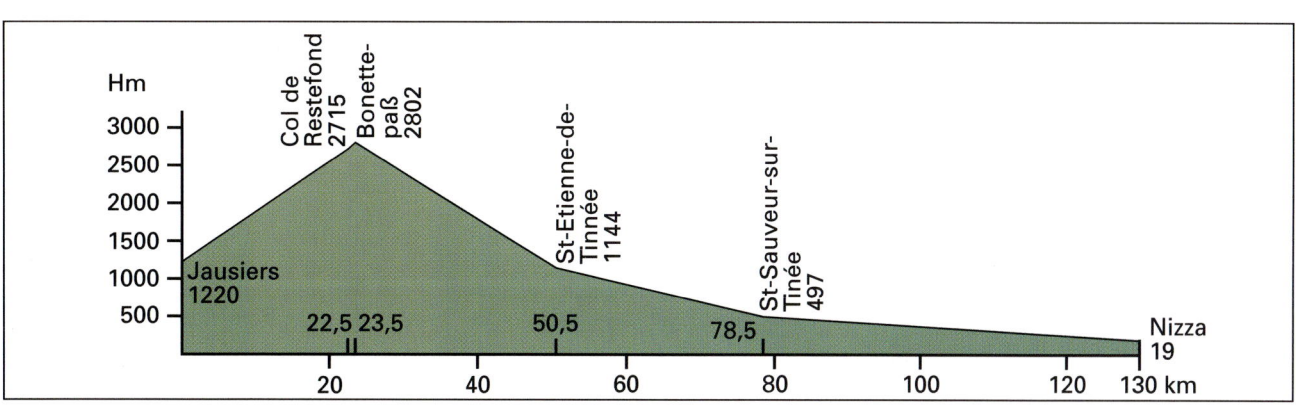

Map locations include:
- Jausiers, Meyronnes, le Lauzet-Ubaye, Barcelonette, Seyne, Col de Maure 1346, Cime de la Bonette 3031, Restefondpaß 2715, Mt. Pelat 3053, Bonettepaß 2802, St-Dalmas-le-Selvage, Mt. Ténibre 3031, Col du Larche 1991, Acceglio, Pradlèves, Caràglio, Dronero, Centallo, Cùneo, Pietraporzio, Demonte, Borgo-S. Dalmazzo, Bòves, Stura di Demonte, Allos, la Javie, Auron, St-Etienne-de-Tinée, Terme-di-Valdieri, Limone Piemonte, Cima Argentera 3297, Col de Tende 1871, St-Martin-d'Entraunes, Isola, St-Sauveur-sur-Tinée, St-Martin-Vésubie, Tende, Thorame-Haute, le Grand Coyer 2694, Guillaumes, Beuil, Cime du Diable 2685, Roya, St-André-les-Alpes, Annot, Puget-Theniers, Villars-sur-Var, Lantosque, Breil-sur-Roya, Barrême, Entrevaux, Col de Toutes-Aures 1124, Roquesteron, Route des Grandes Alpes, Sospel, Castellane, Col de Luens 1054, Gréolières, St-Martin-du-Var, Levens, Ventimiglia, la Palud-sur-Verdon, Séranon, Vence, Menton, MONACO, Monte Carlo, Comps-sur-Artuby, Col du Pillon 786, Cagnes-sur-Mer, Grasse, Nizza, Villefranche s. M., Mittelmeer

FRANKREICH — ITALIEN

Scale: 0 10 20 km

Elevation profile

- Jausiers 1220
- Col de Restefond 2715 (22,5)
- Bonettepaß 2802 (23,5)
- St-Etienne-de-Tinée 1144 (50,5)
- St-Sauveur-sur-Tinée 497 (78,5)
- Nizza 19 (130 km)

Hm axis: 500, 1000, 1500, 2000, 2500, 3000

dennoch ist es in ihrer Kargheit und Unberührtheit eine faszinierende Landschaft, die überraschenderweise keinerlei Langeweile aufkommen läßt.

Beim Chalet Halte 2000, einer Steinhütte, die sich neben der Straße versteckt, kann man sich mit frischem Käse eindecken, und höher geht es in immer karger und öder werdender Umgebung. Plötzlich wieder eine Gruppe von Steinhütten neben der Straße, aber es ist deutlich erkennbar, daß diese bereits seit längerer Zeit unbewohnt und verfallen sind. Es sind die ehemaligen Militärunterkünfte von Restefond, Überreste aus dem vorigen Jahrhundert, als Napoleon III. die Straße aus militärischen Gründen anlegen ließ. Über uns sehen wir bereits einen langgezogenen Berggrat, der von einer kegelförmigen Spitze abgeschlossen wird, die gleichzeitig den höchsten Punkt der Straße andeutet. Nur ein kurzes Stück ist es noch zum Grat, wo sich unvermittelt ein kleiner Einschnitt auftut. Wir sind am Restefondpaß, in genau 2715 Metern Höhe, angelangt und könnten nun über die Südseite die Abfahrt beginnen.

Wir aber wollen ja noch höher hinaus und müssen deshalb der geradeaus führenden Straße folgen, die in einer Schleife um den vor uns liegenden Bergkegel herumführt, um dann wieder an dieser Stelle zu enden. Nach 1 Kilometer ist der Scheitelpunkt erreicht, und wir stehen endlich am höchsten Punkt

Kahle, vegetationslose Hänge mit wenig Fels, viel dunklem Erdreich und schuttigem Geröll begleiten uns auf den letzten Metern zur Bonette-Paßhöhe.

Vom 2715 m hohen Einschnitt des Restefondpasses führt die Straße in einer Schleife um einen Bergkegel noch einmal knapp 100 Höhenmeter weiter nach oben zum Bonettepaß.

der Straße, in 2802 Metern Höhe, den ein Denkmal in Form einer Felsnadel, die an einen Hinkelstein erinnert, markiert. Wir sollten uns damit nicht begnügen und nochmals 60 Höhenmeter drauflegen. Diese allerdings zu Fuß, auf die Spitze der Cime de la Bonette, wo sich ein kaum zu übertreffender Rundblick über die Seealpen bietet und eine Orientierungstafel zudem alle Gipfelnamen aufzählt.

Die Stärkung, die wir in der kleinen Imbißbude auf der Paßhöhe einnehmen können, schmeckt nach dieser »Bergtour« bestimmt nochmal so gut, und zudem ist die folgende Abfahrt vom Straßenverlauf her nicht weniger anspruchsvoll als die Auffahrt. Allerdings nur bis St-Etienne-de-Tinée, der ersten größeren Ansiedlung, auf die wir treffen, und gleichzeitig Endpunkt der Paßroute. Was nun folgt, ist an Eintönigkeit und Langeweile fast nicht mehr zu überbieten: die Fahrt durch das Tal der Tinée nach Nizza. Wie ein riesiger Schlauch zieht das Tal mit seinen gestrüppüberwucherten und von Geröllfeldern durchsetzten Berghängen, ohne sich auch nur einmal zu verbreitern, Richtung Mittelmeer. Die Gegend ist schwach besiedelt, und nur vereinzelt treffen wir auf eine Handvoll Häuser, die im engen Talboden Platz gefunden haben. Der Vorteil liegt lediglich darin, daß wir vom Verkehr fast unbehelligt bleiben, was sich erst nach Durchfahrung einer Talverengung, der Mescla-Schlucht, ändert, wo nicht nur die Tinée in die Var, sondern auch unsere Straße in die Nationalstraße 202 einmündet. Der Verkehr wird deutlich stärker, bei der Défilé de Chaudan durchbricht die Var die letzten Ausläufer der Alpen zum Mittelmeer, dann öffnet sich das Tal, und auch die Besiedlung nimmt zu.

Mit der Var erreichen wir Nizza auf einer Straße, die zuletzt dreispurig ausgebaut wurde, um das Verkehrsaufkommen bewältigen zu können. Es wird uns nur allzu schnell klar, daß es mit der Ruhe und Einsamkeit, die wir auf weiten Strecken unserer bisherigen Reise angetroffen haben, vorbei ist. Nizza ist immerhin die viertgrößte Stadt Frankreichs sowie eines der größten und am besten ausgelasteten Fremdenverkehrszentren und kann in der Hauptreisezeit den Ansturm erholungssuchender Gäste kaum bewältigen.

Englische Marineoffiziere waren es, die während des Österreichischen Erbfolgekriegs (1740–48) diese Küste für sich entdeckten. Ihre Schilderungen lockten zuerst eine kleine Elite des Hochadels, Wirtschaftsmagnaten und andere Funktionsträger des öffentlichen und kulturellen Lebens hierher, die in dem milden Klima vor allem die Wintermonate verbrachten. Bald war Nizza ein Anziehungspunkt für alle reichen und wichtigen Persönlichkeiten ihrer Zeit, in deren Gefolge auch weniger reiche und wichtige Leute auftauch-

Die verfallenen Militärunterkünfte von Restefond auf der Nordseite der Restefond-/Bonette-Paßstraße sind Überreste aus dem vorigen Jahrhundert, als Napoleon III. die Straße aus militärischen Gründen anlegen ließ.

ten. Dies trug der Stadt den Ruf eines exklusiven und mondänen Erholungsorts ein, der sich bis in unsere Zeit erhalten hat. Dabei ist der Wechsel von einer ausgesprochen exklusiven Oberschicht als Hauptklientel zum Massenansturm kurzfristig buchender Sommergäste längst vollzogen.

einem der zahllosen Straßencafés oder bei einem Imbiß in einem Restaurant in der Rue Masséna, der Fußgängerzone. Irgendwann sind wir dann unten am Meer, lassen die Maschine an der Promenade des Anglais ausrollen, die sich wie eine Mischung aus Prachtstraße der Belle Époque und autobahnähn-

Ein Denkmal in Form einer Felsnadel, die an einen Hinkelstein erinnert, in 2802 m Höhe am Bonettepaß aufgestellt, dokumentiert den höchsten öffentlich anfahrbaren Punkt der Alpen.

Und mit diesen schieben wir uns auf drangvollen Straßen, vorbei an den Industrieanlagen der Vororte, langsam Richtung Innenstadt. Italienischer Charakter der Straßen und Häuser vermischt sich mit dem Charme der französischen Lebensart, die man bei dem Verkehr in den engen und winkeligen Gassen meist erst auf den zweiten Blick bemerkt. Vielleicht bei einem Espresso oder Pastis in

licher Schnellstraße mehr als 10 Kilometer am Baie des Angles, der Engelsbucht, entlangzieht. Wenige Schritte noch über groben Kiesstrand, und wir sind am Wasser.

Eine mehr als 2000 Kilometer lange Motorradreise durch die Alpen liegt hinter uns, ist Vergangenheit. Aber die Erlebnisse und Eindrücke wird man noch lange in Erinnerung behalten.

Lust auf Oberitalienische Seen
Die Top-Motorradtouren zu den schönsten Seen in Oberitalien
ISBN 3-933385-07-5
VSB-Titelnr.: 065-127

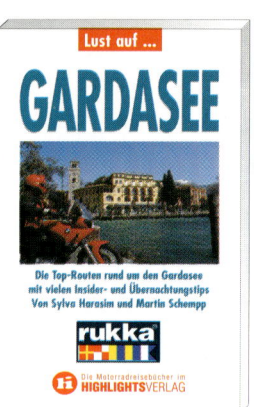

Lust auf Gardasee
Zehn Tagestouren rund um den Gardasee: Gardasee-Süd, Gardasee-Nord, Ledro-Tal/Idro-See, Iseo-See, Tenno-See/Moveno, Toblach, Etschtal, Paasubio, etc. Inklusive Weinkunde (Bardolino) und Kultur
ISBN 3-933385-01-6
VSB-Titelnr.: 065-121

Lust auf Pässe
Die 50 schönsten Pässe der Alpen in Österreich, Schweiz, Italien und Frankreich. Jene Pässe, die auf keinen Fall bei einer Alpentour fehlen dürfen, sind mit einer kurzen Beschreibung noch einmal aufgeführt.
ISBN 3-933385-00-8
VSB-Titelnr.: 065-124

je DM 16,80
SFR 16,80 / öS 123,-

Lust auf Österreichische Alpen
Die Top Motorradrouten zu den schönsten Bergen und Tälern der österreichischen Alpen
Zehn Tagestouren zu den schönsten Gipfeln Tirols und Voralbergs. Ausgesuchte Übernachtungstips und exakte Karten ergänzen den Führer.
ISBN 3-933385-05-9
VSB-Titelnr.: 065-125

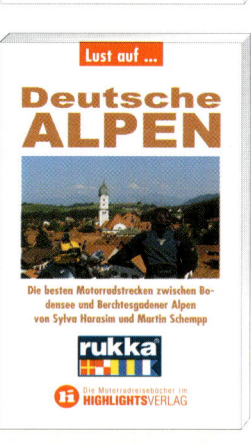

Lust auf Deutsche Alpen
Die besten Motorradstrecken: Zehn Tagestouren quer durch die deutschen Alpen zwischen dem Bodensee und dem Königssee.
ISBN 3-933385-03-2
VSB-Titelnr.: 065-123

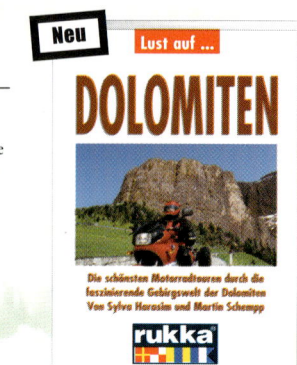

Lust auf Dolomiten
Zehn Tagestouren durch die Dolomiten, Sarntaler Alpen, Pustertal, Große Dolomitenstraße, Brenta Runde, Sella-Runde, Beluneser Dolomiten u.v.m.
ISBN 3-933385-02-4
VSB-Titelnr.: 065-122

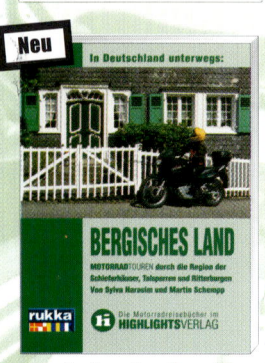

je DM 19,80
SFR 19,80 / öS 145,-

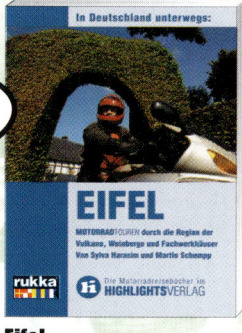

Bergisches Land
Touren durch die Region der Schieferhäuser, Talsperren und Ritterburgen
ISBN 3-933385-08-3 / VSB-Titelnr. 065130

Zwischen Rügen und Erzgebirge
Touren durch die interessantesten Regionen Ostdeutschlands
ISBN 3-933385-09-1 / VSB-Titelnr. 065129

Eifel
Touren durch die Region der Vulkane, Weinberge und Fachwerkhäuser
ISBN 3-933385-04-0 / VSB-Titelnr. 065126

Schwarzwald
Touren durch die Region der Wassermühlen, Tannenwälder und Bollenhüte
ISBN 3-933385-06-7 / VSB-Titelnr. 065128

Route 66
ISBN 3-89365-780-0
ca. DM 78,- / SFR 72,50 / öS 577,-

ca. DM 78,00
SFR 72,50 / öS 596,-

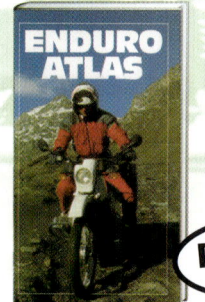

Enduro Atlas
55 perforierte Tourenkarten
ISBN 3-908007-81-X / VSB-Titelnr.: 025-081
DM 39,90 / SFR 37,- / öS 291,-
(Preis der Originalausgabe: DM 79,90)

DM 39,90
SFR 37,00 / öS 291,-

Mick Doohan
Die offizielle Biografie
ISBN 3-908007-86-0
VSB-Titelnr.: 025-08
ca. DM 49,-
/ SFR 46,50 / öS 358,-

DM 49,00
SFR 46,50 / öS 358,-

Bitte fordern Sie auch unser Motorrad-Gesamtprogramm an.

HEEL Deutschland
HEEL Verlag GmbH · Gut Pottscheidt · 53639 Königswinter
Bestellhotline:
Privatkunden   Handel
Tel.: (05 31) 79 90 79   Tel.: (0 22 23) 92 30 -33/-14
Fax: (05 31) 79 59 39   Fax: (0 22 23) 92 30 13

Auslieferung Schweiz
HEEL AG, Schindellegi
Bestellhotline:
Privatkunden   Handel, SBZ
Tel.: (01) 7 85 09 89   Tel.: 0 62/2 09 25 25
Fax: (01) 7 84 58 28   Fax: 0 62/2 09 27 86

Auslieferung Österreich
Godai-Buchhandel GmbH, W.
Bestellhotline:
Handel & Privatkunden
Tel.: (01) 8 93 41 05
Fax: (01) 8 93 41 63

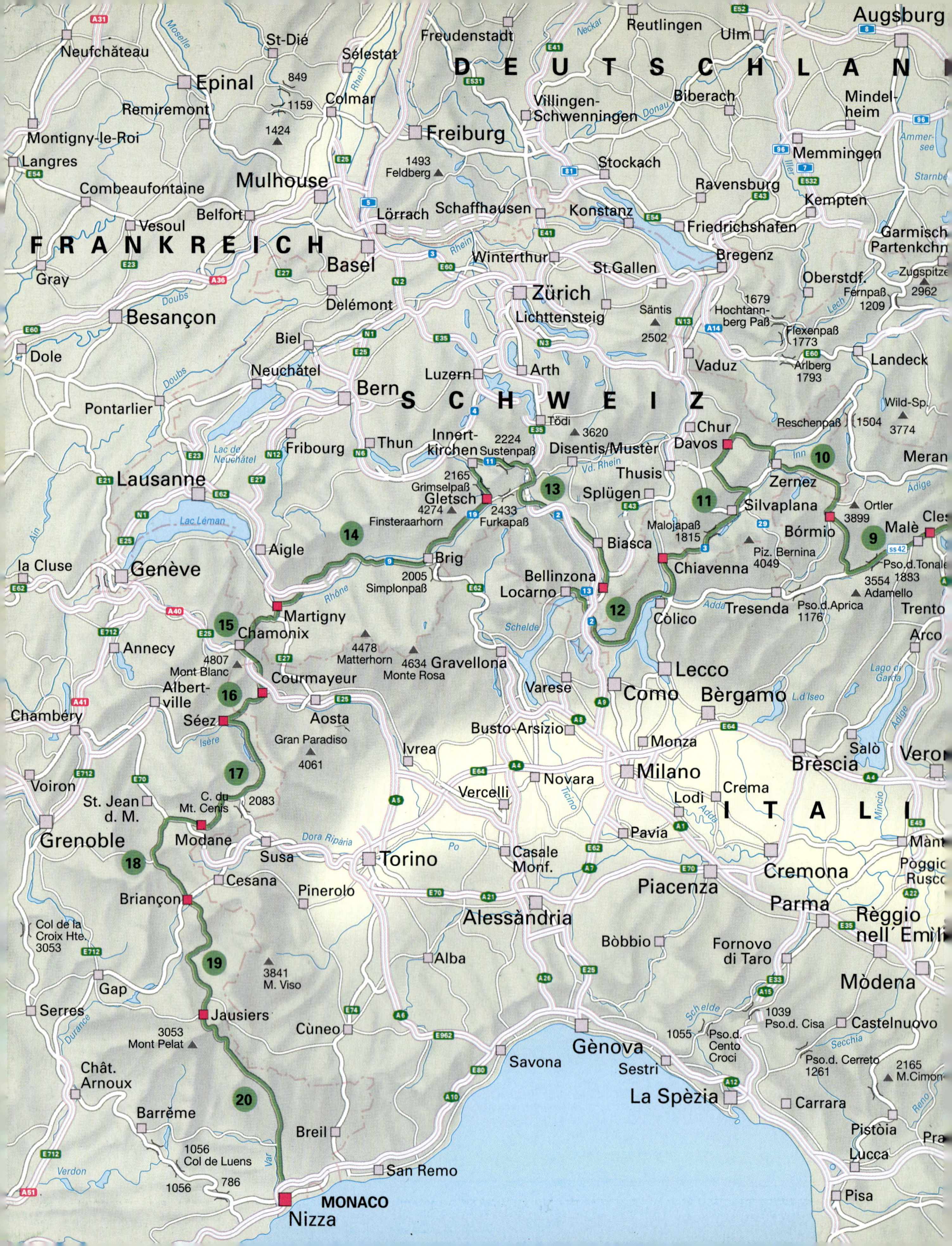

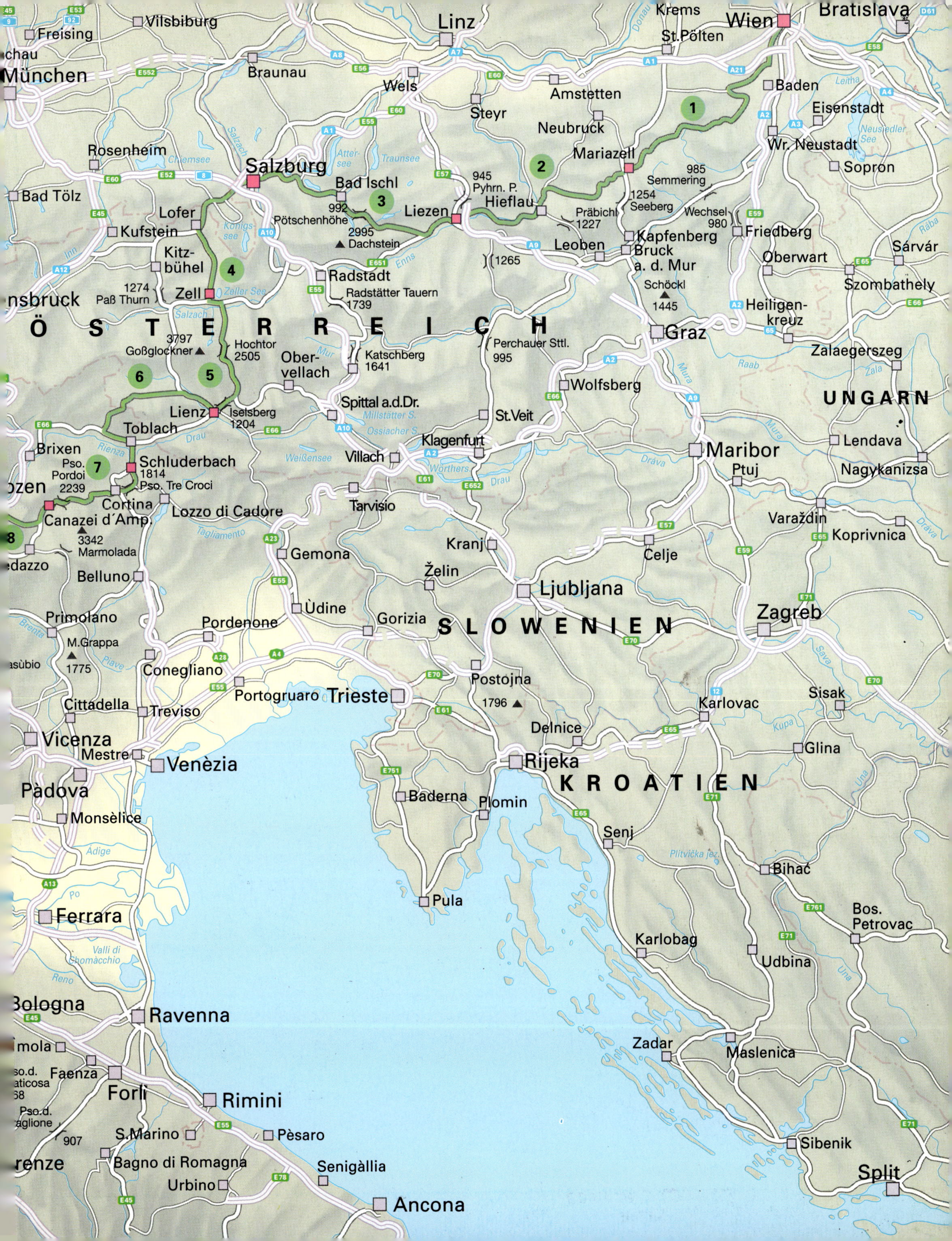
Freising
Vilsbiburg
Linz
Krems
Wien
Bratislava
München
Braunau
Wels
St.Pölten
Amstetten
Baden
Steyr
Neubruck
Eisenstadt
Rosenheim
Salzburg
Bad Ischl
945
Pyhrn. P.
Mariazell
985
Semmering
Wr. Neustadt
Sopron
Bad Tölz
Lofer
992
Pötschenhöhe
Liezen
Hieflau
1254
Seeberg
Präbichl
1227
Wechsel
980
Friedberg
Kufstein
2995
Dachstein
Leoben
Kapfenberg
Bruck a. d. Mur
Sárvár
Kitz-bühel
1265
Oberwart
Radstadt
Schöckl
1445
Szombathely
1274
Paß Thurn
Zell
Radstätter Tauern
1739
Heiligen-kreuz
nsbruck
Ö S T E R R E I C H
Graz
3797
Goßglockner
Hochtor
2505
Ober-vellach
Katschberg
1641
Perchauer Sttl.
995
Zalaegerszeg
Wolfsberg
UNGARN
Lienz
Iselsberg
1204
Spittal a.d.Dr.
St.Veit
Toblach
Klagenfurt
Lendava
Brixen
Pso. Pordoi
2239
Schluderbach
1814
Villach
Maribor
Nagykanizsa
Ptuj
Pso. Tre Croci
Cortina
Tarvisio
Canazei d´Amp.
Lozzo di Cadore
Varaždin
3342
Marmolada
Kranj
Koprivnica
Gemona
Celje
Belluno
Želin
Ljubljana
Ùdine
Zagreb
Primolano
Gorizia
S L O W E N I E N
Pordenone
M.Grappa
1775
Conegliano
Postojna
Sisak
Portogruaro
Trieste
1796
Karlovac
Cittadella
Treviso
Delnice
Glina
Vicenza
Mestre
Venèzia
Rijeka
K R O A T I E N
Pàdova
Baderna
Plomin
Monsèlice
Senj
Bihać
Pula
Ferrara
Bos. Petrovac
Karlobag
Udbina
Bologna
Ravenna
Zadar
Maslenica
Faenza
Forlì
Rimini
S.Marino
Pèsaro
Sibenik
Bagno di Romagna
Senigàllia
Split
Urbino
Ancona
1
2
3
4
5
6
7
8